A Ti también te Llamé

Cynthia Ortiz

A Ti también te Llamé

Sonrisas y lágrimas de una esposa de pastor

A tí también te llamé por *Cynthia Ortiz*

©2022 Derechos reservados
©2022 Cynthia Ortiz
email: cynthiaortiz.pastora@gmail.com
Instagram: @pastora.cynthiaortiz
Facebook: cynthiaortiz.pastora

ISBN tapa blanda: 978-1-955682-77-0
E-book ISBN: 978-1-955682-78-7

Diseño interior y portada: *Grupo Nivel Uno, Inc.*

Todos los derechos reservados. Se requiere permiso escrito de los editores para la reproducción de porciones del libro, excepto para citas breves en artículos de análisis crítico.

A menos que se indique lo contrario, los textos bíblicos han sido tomados de la Santa Biblia, Nueva Versión Internacional® NVI® ©1999 por Bíblica, Inc. ® Usada con permiso.

Nota de la editorial: Aunque el autor hizo todo lo posible por proveer teléfonos y páginas de internet correctos al momento de la publicación de este libro, ni la editorial ni el autor se responsabilizan por errores o cambios que puedan surgir luego de haberse publicado.

Impreso en Colombia

22 23 24 25 26 LBS 9 8 7 6 5 4 3 2 1

Índice

Dedicatoria 7
Agradecimientos. 11
Prólogo 15
Introducción. 19
Capítulo Uno: Sí... acepto 23
Capítulo Dos: Sorpresa inesperada. 27
Capítulo Tres: Reír o llorar 31
Capítulo Cuatro: El uno por ciento 35
Capítulo Cinco: El cuidado de Dios 41
Capítulo Seis: Aterrizamos 49
Capítulo Siete: Descenso al infierno financiero. 55
Capítulo Ocho: La respuesta de Dios 65
Capítulo Nueve: No es como pensaba 73
Capítulo Diez: Cegada por amor 81
Capítulo Once: Camino de entrega 91
Capítulo Doce: El punto de transición 103
Capítulo Trece: La crucifixión ministerial 111
Capítulo Catorce: En el silencio de Dios. 121
Capítulo Quince: Corazón con razón 127
Conclusión: Epílogo 135

Dedicatoria

A ti también te llamé

Este libro está dedicado a Dios primeramente, fue Él quien hizo este sueño realidad, y ha sido Él quien siempre me ha sostenido, Él es y siempre será mi fuente de vida.

Para todos los que han permanecido, en medio de las dificultades, los que se han esforzado y aferrado a serle fiel a Dios, aunque se levante viento y marea. Este libro es para los valientes que arrebatan el Reino de los cielos... También es para aquellas personas que están luchando ministerialmente, porque la cruz pesa demasiado... los que en su corazón anhelan ser fiel al llamado de Dios, pero se dieron cuenta después de aceptar, que no era como pensabas... es para los que sienten que están en un callejón sin salida... ¡No te rindas! Dame la oportunidad, de compartir mi historia contigo, para que veas lo que Dios hizo en mí, y lo que puede hacer en ti.

Finalmente, pastora, esposa de pastor... te dedico este libro. Tal vez no todas las pastoras se identifiquen con mi historia, pero para ti, que no ha sido fácil ser la esposa del pastor y te ha costado aprender a amar este ministerio que se te entregó como herencia... Te comparto mi corazón y mi historia, con el propósito de afirmarte que no estas sola en tu caminar... te recuerdo que Dios te ve, y te escucha, Él es tu fuerza y no te dejará nunca. No es casualidad que eres la pastora, Dios tiene un gran propósito contigo también. Has sido llamada a posicionarte al lado de tu esposo... no detrás de él, ni adelante.

Agradecimientos

Agradezco a mi Padre Celestial, esto fue posible únicamente por Él y la gloria es y siempre será de Él.

A mi amado esposo y pastor, por su amor, paciencia y apoyo. Gracias por no rendirte jamás, gracias por siempre orar por mí, y por liderarme con tu ejemplo, soy bendecida de poder llamarte esposo.

Agradezco a mis tres hijos hermosos, por su paciencia y por compartir el tiempo de su "mamá," para que yo pudiera completar este proyecto.

A mis padres, suegros, hermanos, mi familia de Milwaukee (ustedes saben quienes son) y amigos, gracias por orar fervientemente por mí, por todas las ideas que me compartieron, por escucharme y por las críticas constructivas. Gracias por tomarse el tiempo de leer y aconsejarme, rieron y lloraron conmigo durante esta jornada.

Gracias a todos mis hermanos y hermanas de CCM, juntos hemos crecido, aprendido y madurado. Ustedes han sido una gran parte de mi formación ministerial, y doy gracias a Dios por el privilegio de poder servirles, tengo la seguridad que seguiremos creciendo y avanzando para la gloria de Dios, porque en CCM, existimos para que cada vida CONOZCA, CREZCA Y MARQUE. ¡Sigamos adelante con El Señor! Les amo.

Gracias Natalie, fuistes uno de los instrumentos que Dios usó para formar mi carácter como pastora.

Ultimo, pero no menos importante, agradezco al pastor y autor José Luis Navajo, gracias por ser mi mentor para este proyecto, gracias por guiarme y enseñarme. Gracias por tu paciencia, y por todo el tiempo que dedicaste, fue un sueño hecho realidad, poder aprender de ti.

Prólogo

Déjame que te cuente...

Siempre he dicho que si Dios me concediera otra vida, no concibo la idea de invertirla de otra manera que como he invertido esta: amándole y sirviéndole. Estoy convencido -también esto lo he afirmado reiteradamente- que ser llamado por Dios es lo más alto a lo que puede aspirar cualquier persona. Pero esta realidad no impide que responder al llamamiento divino nos sitúe en un terreno donde, junto a la dulce rosaleda, crecen hirientes espinos. "Su yugo es fácil, pero el siervo es frágil", y eso provoca que en ocasiones asomen lágrimas en el cumplimiento del supremo privilegio de servir a Dios.

En las páginas que estás a punto de leer, Cynthia Ortiz nos guía en un viaje apasionante: el de su respuesta al llamado de Dios. Con todo lujo de detalles ella nos relata las diversas etapas por las que atravesó, incluyendo exuberantes primaveras y también gélidos inviernos.

Como esposa de pastor decidida a responder con dignidad a la vocación que ella también recibió, tuvo que enfrentar momentos difíciles que la llevaron a situaciones límite. Prepárate a leer algunas líneas que te dejarán sin respiración, pero no te desanimes si en algún momento el viaje se te antoja espeluznante, porque Cynthia no nos dejará en el desierto, sino que nos conduce con acierto a la tierra prometida.

Creo que este es un libro que toda esposa de pastor debería leer, y todo pastor necesita asimilar, pues tanto ella como él encontrarán importantes principios que harán más sano y fructífero su ministerio.

Tuve el privilegio de participar en la edición de este libro, por eso puedo decirte, sin ningún género de dudas, que su autora no nos habla desde la ciencia, sino desde la pura experiencia, y eso confiere autoridad a cada párrafo escrito.

Gracias, Cynthia, por abrir tu corazón y vaciarlo sobre el papel. Por ser valiente y honesta para mostrarnos tus heridas y dejar que leamos en ellas... Heridas cicatrizadas, por cierto, cada una de las cuales ahora grita tres cosas: Dolió, sanó y ahora es agente de sanidad.

Sin más, damas y caballeros, busquen un lugar tranquilo, desabrochen su alma y disfruten de esta lectura.

—José Luis Navajo

Introducción

¡Domingo! El día en que la iglesia se reúne para adorar a Jesús. Juntos celebramos, unidos en armonía, las grandezas de Dios. Somos recreados en su templo. Su majestad opaca las luces color violeta y rosa fosforescente, que alumbran el altar. Una melodía hermosa brota desde el piano, acompañando un sentido clamor. Llantos y oraciones se conjugan mientras un pueblo unido busca al Señor. La presencia de Dios es palpable, y se respira aroma de cielo. El esplendor de Su gloria hace imposible permanecer con los ojos abiertos.

Estoy en el altar, tan postrada que mi cabeza reposa en el suelo. Lágrimas fluyen descontroladas como si una represa hubiese estallado. Lloro como una niña cuyo padre está curando una profunda herida. El proceso que sana también duele.

El Espíritu Santo me vino a visitar. Una visita de muchas, no programada, pero sí deseada. Por un instante todo se detiene, solo escucho Su voz susurrando cómo me anhelaba. Sus Palabras provocan en mí un anhelo intenso hacia Él, somos solo Dios y yo en el lugar de encuentro. En esa intimidad Él me revela la promesa que se había gestado en mi vientre.

Mientras escucho esas palabras, me siento como una mujer lista para alumbrar a su bebé. La respiración acelerada y el dolor alcanzando cotas que me hacen pensar que me desvaneceré. Las contracciones aumentan en frecuencia, mientras mi llanto y desesperación se acrecientan. Mis brazos envuelven mi abdomen, como abrazándolo; mis manos en forma de puños, enterrando las uñas en mis palmas, mientras la voz de Dios me alcanza como un delicado y restaurador susurro: "resiste, son dolores de parto, porque llegó el momento de dar a luz."

La presión se intensifica mientras mis quejas aumentan.

De pronto comienzo a experimentar alivio; los dolores disminuyen gradualmente hasta desaparecer por completo. Permanezco en el suelo, en posición fetal, incapaz de incorporarme, me siento débil y cansada. Aún lloro, pero mis lágrimas ya no son fruto del dolor, son lágrimas de alegría. Sé en esos momentos que mi embarazo ha culminado, y la maternidad me ha visitado.

El 17 de enero de 2021, a las 5:07 de la tarde, hubo un nacimiento de esperanza en mi vida. Así como la llegada de un bebé cambia la vida de una persona, el alumbramiento de esta nueva esperanza, me transformó. Era el comienzo de un nuevo despertar y crecimiento para mi.

Pero llegar a ese momento requirió atravesar un ardiente desierto.

Este es mi objetivo, no aspiro a más, pero tampoco a menos, que invitarte a un viaje. Será un periplo apasionante que no te dejará indiferente. Debo advertirte que alguna etapa será complicada, tal vez incluso espeluznante, pero no te desanimes, no abandones el viaje. Prometo no dejarte en el desierto, juntos entraremos a la tierra prometida.

¿Me acompañas? Vayamos al punto donde todo comenzó...

Capitulo 1

Sí... acepto

Era un domingo donde mi esposo y yo acudimos al servicio de la tarde en nuestra iglesia. Esa misma mañana habíamos regresado de un periodo de descanso.

La razón de esos días de vacaciones en la playa era celebrar nuestro quinto aniversario de boda. Aprovechamos ese tiempo para orar y procesar lo sucedido el fin de semana previo. Siete días antes de esas breves vacaciones, un pastor y gran amigo de la familia nos extendió una invitación para predicar en una iglesia situada en el estado de Illinois. Se trataba de una congregación que, tras una crisis, había quedado sin pastor; de eso hacía casi un año.

Mi esposo, Omar, entendiendo que predicar el mensaje de Jesucristo era parte de su llamado y compromiso con Dios, aceptó, y nos fuimos juntos él y yo. Nuestros dos hijos quedaron en Orlando, con mi madre.

Tiempo después, mientras disfrutábamos de un servicio especial de domingo donde se representaba una obra de teatro que conmemoraba la Resurrección de Cristo, recibimos una carta por correo electrónico. Se trataba de un comunicado de la iglesia de Illinois. Durante nuestra visita, y tras aquel poderoso servicio, el Espíritu Santo había conmovido al liderazgo, moviéndolos a que nos extendieran la invitación para ser sus pastores.

¡Qué sorpresa la que nos llevamos!

Una mezcla de sensaciones nos embargaba: de un lado estaba el inmenso privilegio y del otro un gran peso de responsabilidad.

Para entonces ya sabíamos que las grandes decisiones de la vida no deben tomarse a la ligera, por lo que optamos por no contestar de inmediato. Era imperioso hablar con Dios antes que con los hombres. Necesitábamos un tiempo de oración y reflexión... Había que procesar con calma todo lo que estaba sucediendo.

Aquí llegamos al punto de inicio de este relato: Esos días de vacaciones, coincidentes con nuestro aniversario, en los que nos retiramos para despejar la mente, y orar.

En ese tiempo de quietud y búsqueda de Dios, nuestros ojos volvieron a posarse sobre aquella invitación que cambiaría nuestro presente y marcaría nuestro futuro.

Miré a mi esposo.

—Estuvimos orando por esto —le dije—. Dios lo ha confirmado; ¿qué más debemos pensar? —inquirí—. ¡No dudemos más! ¡Aceptemos!

Fue un día de muchas emociones, Dios abría, por fin, la puerta que por tiempo estuvo preparando. Una amalgama de sentimientos impregnaba el paladar del alma: Felicidad matizada de temor. Estábamos convencidos de que era Dios quién hablaba, eso generaba paz, pero aquel paso nos sumergía en algo totalmente nuevo. Un viaje tan apasionante como estremecedor, en el que embarcaríamos completamente solos: mi esposo, nuestros dos hijos y yo. Los nervios nos consumían, hasta el apetito perdimos, de modo especial porque ahora tendríamos que explicar tal decisión a nuestros seres queridos.

Para que captes la intensidad del momento, déjame que te aporte algún detalle: con quince años dejé mi tierra natal, Puerto Rico, y allí quedó mi madre. Eso significa que hacía trece años que nos habíamos separado. Por fin ella optó por reunirse con nosotros y se instaló en mi casa. Ahora, tan solo dos meses después de su llegada, Dios dice "debéis marchar".

¿Puedes entender lo extraño de la situación? ¿Comprendes lo difícil de comunicar tal cosa?

Dios dijo a Abraham, "sal de tu tierra y de la casa de tu padre, a la tierra que yo te mostraré". Mil veces lo había leído, ahora me tocaba hacerlo. No es fácil, te lo aseguro. No resulta sencillo en absoluto.

Capítulo 2

Sorpresa inesperada

Tomada la decisión, ahora tocaba comunicarlo. Nuestra familia y seres queridos escucharían que íbamos a desmantelar nuestro hogar para mudarnos a otro estado.

La situación se complicaba porque no solo era mi madre que acababa de mudarse desde el lejano estado de Connecticut, también mi hermano, con toda su familia, habían hecho los preparativos para trasladarse y vivir junto a nosotros.

¿Cómo explicarles que, después de todos los sacrificios que hicieron por acercarse, ahora nosotros nos mudábamos a mil doscientas millas de distancia?

¿Cómo decirles que, para ver a nuestros niños —motivo principal por el que se habían trasladado a la Florida— tendrían que viajar dieciséis horas en vehículo?

Pero todo estaba decidido. Habíamos buscado y encontrado la confirmación de Dios. Era el mes de Mayo y en apenas treinta días nos trasladaríamos. Todos los enseres estaban en cajas, listos para viajar a nuestro nuevo destino. En nuestros puestos de trabajo ya estaba presentada la renuncia y el apartamento en el que vivíamos ya estaba alquilado a nuevos inquilinos, listos para ocuparlo en cuanto nosotros saliéramos.

Una noche salí a comer con unas amigas, pues una de ellas, María, atravesaba un difícil momento en su matrimonio y precisaba de acompañamiento, atención y oración. Mientras ella se desahogaba narrando su circunstancia personal, yo hacía todo el esfuerzo por concentrarme y brindarle una escucha activa, pero un intenso dolor de cabeza me lo impedía. Los minutos pasaron, María continuaba vaciando su corazón, pero el dolor en mi cabeza no remitía, lejos de eso, iba alcanzando cotas insufribles. La vista se me nublaba y no tuve duda de que estaba sufriendo una migraña.

Una luz roja se encendió en mi mente cuando recordé que yo solo había sufrido dos episodios como ese. Sí, en muchas ocasiones me había dolido la cabeza, pero no de una forma tan peculiar como la que ahora me hostigaba. Solo dos veces antes... y en ambos casos, durante mis embarazos. Dos migrañas se correspondieron con dos embarazos que concluyeron con el nacimiento de mi hija que ahora tenía dos años y el varón que solo tenía ocho meses... Sudé al constatar lo que esa migraña que ahora sufría podía significar.

La solidaridad con María me mantuvo frente a ella, pero en mi mente ya tenia decidido que de allí iría directamente por una prueba de embarazo.

Capítulo 3

Reír o llorar

Como ya te dije, y seguro podrás imaginar, mi pensamiento estaba disperso, haciéndome imposible mantener la concentración en lo que mi amiga contaba, eso a pesar del especial afecto que a ella me unía. Mi corazón latía tan fuerte que pensé que hasta María podría escucharlo, y mi frente estaba perlada de sudor. Solo anhelaba que aquella reunión concluyera para volar por mi prueba de embarazo.

Nuestra reunión terminó, María se fue bastante más tranquila y yo corrí a casa, mucho más nerviosa. Apenas llegué, me hice la prueba de embarazo.

¿Adivinas?

¡Exacto! Salió positivo.

¡Shock! Este anglicismo es la expresión que mejor define mi estado en aquel momento.

Miré alrededor. No era un sueño... Era pura realidad. Las cajas llenas de enseres me recordaron que en tres semanas levantaríamos el hogar para mudarnos.

Es más, aquellos bultos gritaron que durante demasiados días había estado cargando pesos y haciendo esfuerzos totalmente desaconsejados para quien lleva un embrión en sus entrañas.

No sabia si reír o llorar, aunque me inclinaba más por lo segundo.

Mi capacidad de negación llegó a límites extremos, llevándome a adquirir todos los test de embarazo que se comercializaban, desde los más económicos a los más caros. Laboratorios distintos y diferentes empaques, buscando el que me diese la sosegante noticia, de que todo había sido una broma.

Compré hasta siete y los siete me dijeron lo mismo: "Estás bendecida con el don de una nueva maternidad".

Mi mundo se detuvo en aquel instante. He creído, creo y siempre creeré, que los hijos son una bendición de Dios, pero no me sentía preparada para recibir al tercero. Tanta bendición me aplastaba.

Una nueva vida latía en mi interior, y volví la mirada a los dos seres amados a quienes sabía "culpables" de esa bendición: Sí, primero miré a Dios y volqué en Él mi incertidumbre: "Señor, le dije, ¿qué voy a hacer? Nos movemos a otro estado muy lejos de aquí y de las personas en quienes confío y que podrían ayudarme a criar a mis hijos. No tenemos seguro médico, ni un doctor que nos atienda en un lugar tan lejano. ¿Qué vamos a hacer, Señor?"

Inmediatamente busqué al otro "responsable", sí, mi esposo; en él vacié mi carga de desazón, al punto de confesarle: "De haber sabido que estaba embarazada, no habría aceptado irme a otro lugar. Ya hemos firmado el contrato, pero de haber conocido esto, lo habría dudado mucho".

Hoy soy consciente de la enorme carga que esas palabras debieron suponer para Omar, pero en aquel momento me sentía tan frágil, insegura y vulnerable...

También soy consciente, ahora, de que todo fue orquestado por Dios: nuestro lugar estaba en Illinois, pero de haber conocido mi estado de gravidez, tal vez no nos habríamos mudado. Dios quería que diéramos el paso, por eso ordenó los acontecimientos de forma tan precisa como preciosa.

Capitulo 4

El uno por ciento

Una semana después de la sorprendente noticia, concerté una cita con el doctor que me atendió en mis embarazos anteriores. Acudí al consultorio lista para las pruebas que habrían de practicarme; era mi tercer embarazo, por lo que conocía cada uno de los procedimientos por los que pasaría.

Lo primero fueron las pruebas de imagen: él ultra-sonido. Me tumbé sobre la camilla, y la enfermera cubrió parte de mi cuerpo con una sábana blanca, mientras el técnico preparaba la máquina de ultrasonido. El frío gel que aplicó sobre mi piel terminó de despertarme, mientras el doppler comenzaba a deslizarse sobre mi vientre.

Por más que era mi tercer embarazo, tenía las sensaciones y la emoción del primero: Mariposas parecían revolotear en mi interior mientras esperaba escuchar ese latido acelerado que indicaría que una nueva vida se gestaba en mis entrañas. Si ya tuviste esa experiencia, entonces no hace falta que te lo explique, pero si nunca lo has vivido, es inútil que intente explicártelo.

Así que todos mis sentidos estaban concentrados en el monitor del monograma y mis oídos atentos al altavoz. Pero el martilleo vital no se dejaba sentir, y la pantalla de catorce pulgadas se resistía a mostrar alguna imagen coherente con la nueva vida que se supone que yo estaba gestando. Solo oscuridad llenaba la imagen.

No había nada... Nada se escuchaba.

El técnico permanecía en silencio mientras aplicaba el doppler con insistencia, buscando al pequeño navegante que se negaba a aparecer.

El gesto del hombre era severo, diría que preocupado... Lo mismo que el mío;

—¿Todo está bien? —me atreví a preguntarle.

Retiró el doppler y en silencio limpió el gel que cubría mi vientre. Luego se incorporó.

—La doctora vendrá enseguida a hablar contigo —esa fue toda su respuesta.

Pronto llegó la doctora y en un gesto de empatía se sentó junto a mí.

—En el mundo suceden cosas buenas —me dijo—, y en ocasiones acontecen otras que no son tan buenas...

Un discurso de ese tipo no contribuyó a tranquilizarme, lejos de eso me puso alerta.

—¿Qué quiere decir? —le pregunté.

—Quiero decirte que debemos aceptar lo que venga y seguir adelante.

—¿Por qué me dice eso? —insistí, percibiendo que mi nerviosismo aumentaba.

—El ultra—sonido no ha encontrado vida en tu útero.

—¡Me hice siete pruebas de embarazo! —le dije, y aclaré—. ¡Usé marcas diferentes para asegurarme!

—Podría tratarse de un embarazo ectópico —admitió—. Eso se produce cuando un óvulo fecundado se implanta y crece fuera de la cavidad principal del útero, generalmente en una de las trompas de Falopio, que es uno de los tubos que transportan los óvulos desde los ovarios hasta el útero.

—¿Qué ocurrirá si se ha producido ese tipo de embarazo? —mi voz sonó trémula, casi imperceptible.

—No son embarazos viables —sentenció—. Si ese fuera el caso expulsarás el feto en pocos días.

Creo que mi silencio provocó en ella la empatía. Se mantuvo sentada junto a mí e intentó fabricar un mensaje de esperanza.

—Tal vez no se trate de un embarazo ectópico —puso su mano sobre mi antebrazo, intentando aplicar una ligera presión—. Puede que la gestación este iniciándose, y esa sea la razón de que no veamos señales aún. En todo caso, me gustaría verte dentro de una semana. Si se tratase de muerte fetal tendré que hacerte una limpieza interna. Si comienzas a percibir síntomas de aborto, como sangrado o dolor abdominal, aplica una toalla caliente en tu estómago y descansa. Si el dolor fuera muy fuerte, o te sintieras muy mal, no dudes en acudir al hospital.

Me resultaba casi imposible formular una frase coherente, pero con un íntimo esfuerzo logré formular una pregunta:

—¿Qué posibilidades hay de que no se trate de un aborto y el bebe este bien?

La doctora ya se había encaminado a la puerta de salida, pero se detuvo para responder:

—Si hablamos de porcentajes, hay un uno por ciento de posibilidades de que no sea un aborto lo que estas experimentando.

Salí de la clínica en estado de estupor. No era capaz de entender, y mucho menos de asimilar lo que me estaba ocurriendo. En pocos días íbamos a mudarnos respondiendo a un llamado de Dios. No entendía por qué Él permitía esto. Llamé a mi esposo, y le pedí que me llevara a hacer los análisis de sangre.

Capítulo 5

El cuidado de Dios

La enfermera que me practicaba los análisis percibió mi nerviosismo e interpretó perfectamente mi estado emocional.

Sé como te sientes —me dijo—. Donde tú estás yo estuve. Esta analítica es solo para verificar si en tu útero hay vida o no. Pero, escucha, sea cual fuere el resultado de estas pruebas, nunca pierdas la esperanza. ¿Sabes que a mí me dijeron que mi bebé no lograría sobrevivir y ahora mi precioso Marcos tiene diez años? Confía en Dios, Él puede hacer el milagro.

Quise decirle algo... Unas palabras de gratitud, no sé, ¡algo! Pero mi respuesta surgió encapsulada en gruesas lágrimas. Una mezcla de sensaciones me embargaba. Toda mi historia parecía resumirse en un vientre vacío de vida y decenas de cajas totalmente llenas de enseres, aguardando una mudanza. En dos semanas cambiaríamos de hogar, respondiendo al llamado de Dios.

¿Alguna vez te has sentido realmente confundido? Ese era mi estado y la situación que atravesaba: desconcierto y absoluta confusión.

Varios días después todavía estábamos procesando los acontecimientos. Evité hablar acerca de lo que nos estaba pasando, pues, si yo misma no era capaz de entenderlo, ¿cómo iba a lograr explicarlo de forma coherente?

Llegó el domingo; un domingo que puedo recordar como si acabase de vivirlo: Celebrábamos el día de las madres, y decidí que tenía que poner bajo llave mi angustia para intentar disfrutar esa jornada con mi madre y mi suegra. Ellas se lo merecían, lo mismo que mi esposo y nuestros hijos. En la mañana fuimos a la iglesia y luego salimos a comer. En la tarde fuimos a lo que quedaba de nuestro hogar: un apartamento totalmente vacío, pues todas nuestras pertenencias ya estaban viajando al estado de Illinois. Apenas hubimos pisado el desangelado espacio, se hizo un silencio tenso, cargado de sensaciones que nadie se atrevió a expresar. Fue mi suegra quien, decidida a quebrar aquel mar de silencio, me dirigió unas palabras que marcaron mi vida, fortalecieron mi fe y siempre me han acompañado: "Hija, te han hablado de que hay un uno por ciento de posibilidades de que el bebé esté vivo. ¿Sabes que para Dios eso es suficiente? ¿Sabes que Él puede glorificarse en ese uno por ciento?"

Escuchar esas palabras y quebrarme, fue todo uno. Necesitaba llorar, pero en el último tiempo no había sido capaz de hacerlo; tanta confusión me tenía bloqueada. Aquel mensaje sanador tuvo la capacidad de quitar la obstrucción de mis lagrimales. Lloré y lloré, dando libertad a emociones reprimidas que me asfixiaban. Mi esposo, mi mamá, mi suegra... Toda la familia se aproximó y pusieron sobre mí sus manos. Ese contacto humano supuso un cálido manto que me arropó en la fría noche del alma. Luego oraron. Mientras ellos me bendecían con su plegaria, yo me rendí incondicionalmente a la voluntad de Dios: "No entiendo nada de lo que ocurre, Señor, e ignoro lo que viene de camino, pero, te lo suplico, ¡haz tu perfecta voluntad en mi vida! Te doy el control absoluto de mi ser".

Amaneció el lunes, y a las diez de la mañana recibí una llamada. Apenas escuché el aviso del teléfono mi interior se agitó mientras sentía mi corazón desbocarse. Supe que era de la clínica, y no me equivoqué:

—Necesito verte nuevamente —la voz de la doctora era apremiante.

—¿Qué ocurre, doctora? —la urgencia que se escurría de sus palabras no contribuyó a tranquilizarme.

—Debo practicarte otra prueba de ultrasonido antes de que viajes a Illinois —esa fue toda su información.

Pocas veces me he desplazado tan veloz como en ese instante en que volé al consultorio médico.

—Los análisis de sangre han detectado que hay una nueva vida en tu vientre —lo dijo en tono casi neutro, pero a mis oídos llegó como el susurro de Dios.

Mientras me tumbaba sobre la camilla donde me harían la nueva prueba de ultrasonido, las palabras de la enfermera que me extrajo la sangre, se mecían en la superficie de mi conciencia: "Confía en Dios, Él puede hacer el milagro".

También la voz de mi suegra se alzó con la belleza de un arco iris sobre las nubes de mi incertidumbre: "Hija, te han hablado de que hay un uno por ciento de posibilidades de que el bebé viva. ¿Sabes que para Dios eso es suficiente? ¿Sabes que Él puede glorificarse en ese uno por ciento?"

Estaba con mi pensamiento sumido en esos recuerdos, cuando algo, un sonido, me sacó de mi ensoñación trayéndome al presente: era un agitado tamborileo... Un repiqueteo sublime... El resonar de una leve campana... ¡Era el corazón de mi hijo!

Mis ojos, anegados en lágrimas, se orientaron hacia el monitor. ¡Allí estaba! Una criatura minúscula, pero desbordante de vida. Un ser pequeñísimo, pero que llenó el vacío de incertidumbre que ahogaba mi interior.

¡Dios se había glorificado en ese ínfimo uno por ciento de posibilidades!

Hoy, cuando rememoro esa etapa de mi vida, un texto de la Biblia acude a mi mente:

"Cuando Jesús llegó a la casa de Pedro, vio que la suegra de Pedro estaba en cama y con fiebre. Jesús le tocó la mano y la fiebre la dejó. Entonces ella se levantó y empezó a atenderlos".

—Mateo 8:14-15

Jesús había elegido a Pedro para una misión de gran alcance, y sabia que difícilmente podría desarrollarla si su mente estaba cargada de preocupación por su familia. La suegra de Pedro estaba enferma, y por esa causa su esposa estaba muy inquieta. Unas décimas de fiebre, en aquel tiempo podían ser la antesala de la muerte. Pedro iba a alejarse de su familia, y las posibilidades de contactar con su casa para saber cómo iba todo, eran absolutamente inexistentes. Jesús quiso que el apóstol saliera del hogar con paz en el corazón, por eso sanó a la madre de su esposa, ahora Pedro podría concentrarse en su misión.

Me sentí plenamente identificada con ese episodio de la Biblia cuando pude escuchar el latido de mi hijo y verlo en el monitor. Eso me afirmó en el hecho de que, cuando Dios nos llama al ministerio, hace que nuestra casa esté cuidada. Dios conocía nuestra preocupación, entendía nuestro dolor, y era consciente de nuestra confusión. El milagro de vida que Dios obró en nuestro hijo, fue la primera demostración de que Él no nos enviaba al ministerio sin ocuparse de nuestra familia Dios confirmó que cuidaba de nosotros.

Si Dios te escogió... Confía que Él cuidará siempre de ti y de tu familia. No suele ocurrir de la forma en que pensamos, pues determinados procesos duros e incómodos, son necesarios para crecer y madurar espiritualmente. Recuerda que Dios está más interesado en nuestro carácter que en nuestra comodidad. Que las cosas parezcan torcerse no significa que Dios haya perdido poder.

"El camino de Dios es perfecto;
la palabra del SEÑOR es intachable.
Escudo es Dios a los que en él se refugian".
—Salmo 18:30

El milagro de vida que Dios obró en la vida de Liam, nuestro hijo, consiguió fortalecernos, pero no fue suficiente para quitar de mí el deseo de cancelar nuestros planes de traslado. Quería quedarme en casa, en la seguridad y comodidad del hogar, junto a mis familiares y amigos. No obstante, decidí confiar en que todo estaría bien.

Solo faltaban dos días para salir rumbo al lugar de la promesa. Fue entonces que un siervo de Dios con claro ministerio profético, llegó a ministrar en nuestra iglesia. Omar estaba próximo a él durante uno de los servicios, cuando, sorpresivamente, el profeta se volvió, lo enfocó con la mirada, e inquirió:

—¿Tú me conoces a mí?

—No —respondió Omar, algo intimidado.

—¿Quién es Cynthia? —interrogó el profeta.

Omar no estaba preparado para que aquel hombre conociera cómo se llamaba su mujer...

—Ella es mi esposa —replicó con voz quebrada por la emoción.

—Pues dile a Cynthia que, cuando lleguen los momentos difíciles, recuerde que fui yo quien os envió. Esto os dice el Señor.

Aquella confirmación de Dios fue determinante. Todavía hoy me conmueve la misericordia de Dios al mostrarnos su cuidado de forma tan extraordinaria. Esas palabras de afirmación no eran necesarias para que iniciásemos el viaje, la decisión estaba tomada, sus palabras no iban orientadas a convencernos, sino a cuidarnos.

Yo ya sabia que el camino no sería fácil, pero ahora, además, Dios me había avisado. Opté por creerle a Dios, confiar en Su proceso y refugiarme en Él cuando llegasen los tiempos de incertidumbre.

"Dile a Cynthia", había expresado Dios, "dile a Cynthia..." Así como un padre hablaría de su hija. Su cuidado fue reafirmado, aún antes de que precisáramos ser cuidados.

Luego, cuando el ministerio se tornó difícil y el camino se puso cuesta arriba, aquellas palabras de Dios supusieron oxígeno para el alma y bálsamo para la herida.

Capitulo 6

Aterrizamos

No fue sencillo el momento de la despedida de nuestros seres queridos qué quedaron en Orlando, tras lo que abordamos el avión de United Airlines que en un trayecto de dos horas y cuarenta y cinco minutos nos depositaría en nuestra nueva vida. Fue un viernes, primer día de Junio.

Ya en el avión, mis dos hijos se durmieron, y también Omar. Yo lo intenté, pero la adrenalina me mantuvo despierta e inquieta. Si no era capaz de estar quieta, ¿cuánto menos iba a conseguir dormir?

Mi mente hacía composiciones, elucubraciones y vaticinios de cómo sería nuestra nueva vida. De ese modo giraba sin parar, como una rueda en la jaula de un hámster. Dos horas y media después ya no era el cielo azul soleado y matizado de nubes blancas lo que se observaba a través de la ventanilla del avión, sino que se apreciaba la tierra de nuestro destino. Dominada por la emoción, desperté a mi esposo, y señalé hacia aquel paisaje. Él observó, y con la emoción cincelada en su rostro, susurró muy cerca de mi oído:

—Mira la tierra que Dios nos ha entregado.

Enseguida tomó mi mano.

—¿Te parece que, mientras la sobrevolamos, oremos por esta tierra prometida? —me dijo.

Por supuesto que estuve de acuerdo, y nos sumergimos en un tiempo de oración, en la que, en fe, declaramos tiempos de gloria sobre aquella ciudad y la visitación de

Dios en aquel estado. Tan metidos estábamos en aquella oración, y tan envueltos en la presencia de Dios, que el impacto de las ruedas del avión sobre el asfalto en el momento de aterrizar, nos sorprendió. Me noté completamente nerviosa, incluso las manos me temblaban. El impacto del avión aterrizando, junto con la incertidumbre de lo que nos aguardaba fuera, suponía una mezcla explosiva de emociones.

Descendimos de la aeronave y, tras recoger nuestro equipaje, encontramos en el exterior a un hermano de la iglesia, acompañado por una joven pareja, también de la congregación. El abrazo que nos brindaron nos supo a gloria. Fue como sentirnos arropados por brazos amigos en una tierra desconocida. Nos regalaron una sonrisa que actúo de radiante luz, disipando las sombras de la incertidumbre. Muy solícitos, cargaron todo nuestro equipaje en el automóvil e iniciamos el último y breve trayecto hacia nuestro nuevo destino ministerial.

Miré el reloj: Eran las cinco y treinta minutos de la tarde.

No podíamos imaginar lo que nos aguardaba al descender del vehículo: La iglesia había preparado una maravillosa celebración de bienvenida. ¡Toda una fiesta para recibirnos!

Fue imposible contener la emoción al ver a tantas personas celebrando nuestra llegada. Aquel baño de amor resultó terapéutico y era justo lo que necesitábamos para atenuar la sensación de vacío que la despedida de nuestros seres queridos había asentado en nosotros. Dios acababa de regalarnos una nueva familia que, por supuesto, no usurparía el lugar a la nuestra, pero resultaría determinante para aliviar el desgarro de la distancia.

El amor que se respiraba era hermoso y provocó que nos sintiéramos como en casa, envueltos en un ambiente alegre y familiar. Nuestros hijos se acomodaron inmediatamente, hasta se quitaron los zapatos y comenzaron a jugar con otros niños, como si los conocieran de toda la vida. Me embargó una sensación mucho mejor de la que pude haber imaginado; las conversaciones fluían con facilidad, como si estuviéramos entre viejos amigos. Los abrazos y expresiones de cariño se daban de forma natural, mientras la Presencia de Dios se paseaba en medio de nosotros. Ahora no tuvimos ningún género de duda: Dios había orquestado aquello.

Terminada la celebración, nos llevaron al que sería nuestro nuevo hogar. Todo estaba acondicionado, limpio y preparado. Incluso habían hecho provisión de alimentos para que pudiéramos desempacar y preparar nuestra adaptación con calma. Definitivamente estábamos conmovidos al apreciar el esmero y delicioso cuidado con el que habían preparado nuestra llegada. El ácido sabor de la incertidumbre iba retirándose definitivamente del paladar de mi alma.

Agotados físicamente y extenuados por tanta emoción, nos dispusimos a dormir. Ya en la cama, los ojos de Omar y los míos se encontraron, y de forma espontánea prorrumpimos en una ruidosa carcajada. Estábamos asombrados de la rapidez con la que nuestras raíces estaban adaptándose a una nueva tierra. Dios lo estaba haciendo. Claro que la imagen de nuestros seres queridos, dejados en Orlando, flotaba en la superficie de nuestra memoria, pero el recuerdo fluía envuelto en un manto de paz, mediante el que Dios nos confirmaba que todo iría bien. Esa sensación de sosiego nos hacia sentir paz y estar felices por el nuevo tiempo que se abría ante nosotros.

Dios nos habló en Abril. Iniciaba el mes de Junio y ya estábamos ubicados en el nuevo lugar. No había mucha lógica humana, y hasta parecía algo de locos, pero es que estaba funcionando la lógica del Reino, pues fue Dios quien había orquestado cada detalle.

El vacío de la separación era mitigado por inmensas dosis de amor, y el vacío de la ausencia fue lleno por el milagro glorioso de Su Presencia.

Capitulo 7

Descenso al infierno financiero

¡Llegó el día más esperado! Era domingo e íbamos a celebrar nuestro primer servicio como pastores. Una sensación, mezcla de muchas, nos embargaba. La que prevalecía era una gran emoción. Todo lo que antes parecía un lejano sueño, ahora estaba haciéndose una preciosa realidad. Imposible no conmoverse al ver la forma en la que Dios estaba cumpliendo Su propósito en nosotros.

Pero junto a la emoción pesaba la responsabilidad. Dios había puesto en nuestras manos una delicada obra que desarrollar: pastorear almas no es un juego, sino una delicada función que afecta eternidades y, aunque la principal responsabilidad concernía a mi esposo, yo quería ser ese complemento idóneo que le apoyase de manera efectiva en su ministerio. Eso implicaba cuidarlo en toda la integridad del concepto, desde escucharlo, hasta orar por él y aconsejarlo, pasando por ser la mejor esposa y madre posible, de modo muy especial en ese tiempo en que toda la familia nos adaptábamos a algo nuevo.

En medio de esa vorágine de emociones encontré fortaleza en que era Dios quien nos había elegido para esa misión. No dejaría que nada robase el gozo de responder al llamado divino. Él nos eligió y con su ayuda afectaríamos aquella tierra con Su Presencia.

Así, con ese maremagno de pensamientos en la cabeza, llegamos a la iglesia ese domingo. El amor con que nos recibieron superó incluso al recibido el día en que nos conocimos. Disfrutamos de un glorioso servicio y a continuación de un tiempo maravilloso de comunión. Comimos juntos y eso fue un precioso sello a aquel memorable domingo.

Los días y las semanas se fueron sucediendo, y cada vez nos sentíamos más amados por la congregación. El Señor fue extremadamente bueno, dejándose sentir en cada servicio y llenando la atmósfera de Su Presencia, lo que producía preciosos milagros y liberaciones magníficas.

Nos conmovía la solicitud con que la iglesia nos cuidaba, asegurándose de que nada nos faltara. Llegaban a casa trayendo alimentos, flores, regalos... Cuando pensábamos que era imposible sentirnos más queridos, ellos nos sorprendían con un nuevo detalle que nos emocionaba. También a través del teléfono, o con visitas, se mostraban cercanos y amorosos.

Ojalá pudiera decirte que esa situación se prolongó por largo tiempo, pero no sería honesta si lo hiciera. A los tres meses de nuestra llegada a Illinois, fuimos conscientes de una situación que no habíamos calculado: El salario que Omar percibía como pastor muy inferior al que había percibido en su trabajo secular, y las dificultades financieras hicieron su aparición de manera muy preocupante.

Intenté encontrar un trabajo remunerado, a la vez que mi esposo también buscaba otra ocupación fuera de la iglesia, pero ambas opciones se cerraron totalmente. En la Florida ambos trabajábamos e ingresábamos un buen sueldo, lo que nos animó a acometer determinadas inversiones que ahora nos era imposible pagar. La precariedad económica hizo una profunda mella en nosotros, al punto de deteriorar seriamente nuestra salud. En aquel tiempo Omar se enfermó y no teníamos seguro médico; fueron necesarias varias visitas al hospital, y cada una de ellas suponía una deuda mas.

¿Recuerdas que cuando viajé estaba embarazada? La ilusión del alumbramiento se vio ensombrecida por el hecho de que no pude encontrar un médico que me atendiera durante la gestación. Nuestra situación económica exigió que buscásemos la asistencia del departamento público de salud. Nada iba saliendo según yo lo había imaginado. El aspecto romántico del llamado de Dios comenzó a dar paso a la cara más dura y radical del ministerio.

¡Ojalá pudiera decirte que nada de eso me hizo flaquear! Que nunca dudé de la provisión de Dios... ¡Ojalá pudiera decírtelo, pero mentiría si lo hiciera!

En esos días yo oraba y decía:

—Señor, ¿cómo es posible que nos ocurra esto? Estamos siendo obedientes a Tu llamado, predicamos cada semana acerca de tu fidelidad y la provisión que Tú ofreces... Pero nosotros no vemos esa provisión por ningún lado.

Mis conversaciones con Dios eran ácidas y hasta malhumoradas. Empecé a percibir que la frustración me embargaba y eso generó una ansiedad creciente que llegaba a consumirme. No sabía qué hacer; cualquier iniciativa fracasaba y sentí que mis manos estaban atadas mientras se agotaban los recursos.

Aquella situación sostenida en el tiempo provocó en mí un descontento tan fuerte que empecé a dudar del cuidado de Dios. Servirle sin confiar en Él se hacía francamente complicado; no podía quitar de mi cabeza la idea de que Él nos hizo levantar nuestro hogar, trasladarnos a un nuevo sitio, y ahora nos dejaba a nuestra suerte. Incluso la relación con mi esposo se vio afectada, pues no podía entender que él estuviera tranquilo y confiado mientras las deudas nos acosaban.

Cada vez que yo le reprochaba su actitud, Omar me decía:

—Ten confianza. Si Dios nos trajo aquí, Él cuidará de nosotros.

Pero esa actitud, lejos de serenarme, me irritaba más y me hacía distanciarme de él. Mi mente, eminentemente práctica, se enfocaba en los pagos por hacer, las deudas por cubrir y la falta de recursos que nos asfixiaba.

Comencé a acusarlo de que daba más importancia a la iglesia que a su familia. Incluso le dejé ver que parecía preferir que su familia estuviese allí, sufriendo, en vez de devolvernos al lugar donde teníamos seguridad y comodidades.

No me siento orgullosa cuando recuerdo mi actitud en ese tiempo. Realmente fui hiriente y mordaz. Culpaba a Omar de la precariedad que vivíamos. Me sentía desesperada y lo pagaba con él. Cargué sobre mi marido la razón de nuestra desdicha. En una ocasión, mientras íbamos en el automóvil, le dije:

—Este es tu llamado y tu sueño, no el mío. Yo nunca le pedí a Dios ser esposa de pastor, ni vivir de esta forma.

Hoy soy consciente de lo duro que debió ser para él recibir este mensaje. Estaba ciega a causa de la ansiedad. Olvidé que cuando recibimos la propuesta de la iglesia lo insté a firmar aquel acuerdo sin tan siquiera pensarlo. Fui yo quien lo animó a dar el paso y ahora cargaba sobre él la culpa de nuestras penurias.

Fui injusta... Terriblemente injusta, pero Omar no se arredró, sino que optó por seguir confiando en Dios.

Hoy puedo decir, que estoy inmensamente agradecida por mi esposo, y por la sabiduría, fidelidad y paciencia con que Dios lo ha coronado. En aquellos momentos él no se enojó, ni me reclamó, solamente dijo:

—Dios nos unió y el llamado que nos hizo es de ambos, sé que este es un tiempo difícil, pero confía, Dios tiene cuidado de nosotros.

Con inmensa paciencia me recordaba las diversas ocasiones en las que Dios había confirmado su llamado en nosotros y las palabras proféticas que llegaron para ratificar que este era el camino en el que Dios nos quería.

Vez tras vez me rehusaba a escucharlo. Guardaba silencio y lloraba. Mis ojos estaban cerrados y mis oídos sellados.

Inevitablemente llegó el día en que exploté. Ocurrió despues de la celebración del "Baby Shower". La iglesia había preparado una fiesta para celebrar el inminente nacimiento de nuestro bebé y honrarnos con obsequios. La congregación era totalmente ajena a nuestra precaria situación financiera, pues nunca quisimos decirles nada al respecto.

Durante la fiesta intenté mantener la sonrisa y mostrar gratitud por los obsequios, pero era incapaz de quitar de mi cabeza la idea de que no teníamos dinero para comprar los pañales para nuestro hijo, y de pañales vino la cosa, pues tomé una caja de ellos, que nos habían regalado, y acudí a la tienda para cambiarla por otra de tamaño más grande. La dependienta me dijo que precisaba el recibo de la compra, a lo que respondí que había sido un regalo, que yo deseaba la misma marca de pañal, solo que en una talla más grande. Con muy poca cortesía la mujer se negó a hacer el cambio, aludiendo que iba contra las normas de la tienda.

Absolutamente quebrantada corrí a mi automóvil y en una mezcla de frustración, enfado y vergüenza, lloré convulsivamente. Entre lágrimas casi le grité a Dios:

—¡Dios, no te estoy pidiendo nada para mí! ¡Solo pido pañales para mi hijo! ¿Ni siquiera en esto me respondes? ¡Lo dejé todo para obedecerte y me trajiste aquí! ¿Ahora ni siquiera me respondes?

Esa misma semana me enfermé del estómago. Seguramente provocado por la tensión que sufría, sumada a algo que comí y me sentó mal, lo cierto es que me enfermé y comencé a sentir contracciones. Fui ingresada en el hospital justo en el momento en que recibiríamos a un ministro invitado a nuestra iglesia. Como mi esposo se había comprometido en ir a buscarlo al aeropuerto, una hermana de la iglesia se quedó con nuestros dos hijos y otra fue a cuidarme al hospital. Era evidente que nos amaban y se desvivían por cuidarnos, pero eso no evitó que yo me sintiera avergonzada de que fuera otra persona y no mi esposo quien me estuviera asistiendo en un momento tan delicado de exámenes prenatales.

Salí del hospital el mismo día en que en la iglesia tendríamos el evento especial con el invitado.

Mi estado de animo era deplorable, y tampoco me sentía bien físicamente. Agotamiento físico y extenuación emocional... Así me sentía. No obstante, me levanté de la cama y decidí ir al culto.

Capitulo 8

La respuesta de Dios

Llegué a la iglesia sintiéndome agotada físicamente y en un estado de profundo decaimiento emocional. Lo que no podía imaginar es que esa noche Dios respondería a cada una de las preguntas que yo le había formulado.

Algo que he podido aprender es que cuando más vulnerables nos sentimos es, con frecuencia, cuando más sensibles estamos a la intervención de Dios. Tal vez esa sea una de las aplicaciones que tiene la afirmación que Dios le hizo a Pablo: "Mi poder se perfecciona en la debilidad".

Lo cierto es que esa noche, durante el servicio, el profeta y su esposa se acercaron a mí. Él pidió a su mujer que pusiera su mano sobre mi corazón, y enseguida trajo la siguiente palabra de Dios para mí:

—¿Cómo puedes pensar que te he abandonado? Lo dejaste todo en obediencia a mí, ¿cómo voy a abandonarte?

Esas palabras quebraron mi corazón de inmediato. Fue como si se encendiera la luz de golpe y yo fuera consciente de que dudar de Dios había sido una postura ilógica. Fue un momento sublime; mientras oraban y toda la congregación se unía en el clamor tendiendo hacia mí sus manos, Dios abrió mis ojos espirituales para que viera con absoluta claridad. No podía sino reflexionar: ¿Cómo pude ser tan ruda con mi esposo? ¿Por qué he permitido que la frustración me hiciera desconfiar de Dios?

Allí, bajo el abrazo de Dios, sentí que Él reafirmaba su cuidado sobre toda nuestra familia. Nada nos faltaría a nosotros ni a nuestros hijos. Me recordó que es Jehová Jireh, y Su provisión llegaría. Sin poder ni querer evitarlo pedí perdón a Dios y también a mi esposo. Las lágrimas brotaban bajo el abrazo de Dios y una gratitud inmensa surgía de mi corazón. "Gracias, gracias, gracias..." Esa palabra se repetía, junto con la petición de que nunca dejase que mis ojos se cerraran para ver más allá de lo natural. Que me ayudase a ser una esposa sabia, una madre ejemplar, una mujer virtuosa. Mi corazón se estremecía al suplicarle que me enseñase a amar y abrazar el llamado pastoral con el que nos había investido a los dos... No solo a Omar, también a mí.

Una porción de la Biblia, reverberaba en mi mente:

"La mujer sabia edifica su casa;
mas la necia con sus manos la derriba."
—Proverbios 14:1

Fui consciente de una realidad: desde nuestra llegada a Illinois Dios había provisto de todo lo necesario. No era Él el problema, tampoco lo era Omar, el verdadero problema era mi empeño en que Dios proveyera en la cantidad y en la forma en que yo deseaba. No lo hice con mala intención, simplemente estaba equivocada al pretender que Dios eliminase todas las deudas y nos concediese una gran reserva de dinero para vivir sin preocupación. Eso me impedía ver lo que mi esposo veía y trataba de explicarme: la provisión de Dios llegaba día a día... "el pan nuestro de CADA DÍA, dánoslo hoy", nos enseñó a orar Jesús. Mi obstinación por tener hoy lo de toda la semana me impedía ver la amorosa provisión que cada día nos otorgaba a través de hermanos, amigos y vecinos.

Lo peor, probablemente, es que mi actitud estaba siendo de mal ejemplo para mis hijos. Incluso, en mi ceguera, llegué a presionar a mi esposo para que regresáramos a Orlando, aludiendo que allí vivíamos mejor.

Tan enfocada estaba en lo negativo, que era incapaz de apreciar el cuidado amoroso que recibíamos de Dios en esta nueva tierra.

Probablemente has captado el parecido de mi postura con la que adoptó Dios a la hora de cubrir la necesidad de su pueblo durante la travesía por el desierto. Él enviaba el milagroso maná cada día. Otorgaba la provisión diaria, al punto de que alguno que intentó guardar para varios días, vio cómo lo acaparado se agusanaba. Te recomiendo leer esta hermosa historia en Éxodo capítulo dieciséis. El relato sigue mostrando que el maná se les hizo poca cosa y entonces comenzaron a codiciar mejores manjares... No era suficiente lo que Dios les daba. Incluso hubo quien comenzó a antojarse de las cosas que habían dejado en Egipto.

"¡Oh, si tuviéramos un poco de carne!—exclamaban—. Cómo nos acordamos del pescado que comíamos gratis en Egipto y teníamos todos los pepinos, los melones, los puerros, las cebollas y los ajos que queríamos. ¡Pero ahora lo único que vemos es este maná! Hasta hemos perdido el apetito".

—Números 11:4-6

La actitud de ellos era de menosprecio hacia la provisión que Dios les daba. Creo que una de las posiciones más lamentables que podemos adoptar, es la de codiciar lo que teníamos antes de responder al llamado de Dios. No permitamos que la carne domine hasta ese punto, pues Dios nunca nos lleva de una situación a otra peor. Su camino para nosotros es ascendente.... De gloria en gloria.

Reflexionando, ya con la luz de Dios, pude asimilar que las deudas que en ese momento enfrentábamos eran fruto de decisiones que nosotros habíamos tomado, y esa conciencia me afirmó en la idea de que debíamos ser mejores mayordomos y administradores sabios. Dios, como Padre, nos ayuda, pero también como Padre, nos enseña mediante valiosas lecciones que nos convierten en mejores pastores y nos ayudan a crecer. En esa etapa de dificultad económica, Omar y yo aprendimos mucho sobre la adecuada administración de la economía.

Desarrollamos una pericia muy importante para ser selectivos en los gastos, prescindir de cosas superfluas y ser prudentes como para ahorrar. Por Su gracia y en base a ese aprendizaje, logramos salir de las deudas y hemos podido bendecir a otros a la vez que administramos con sabiduría, no solo nuestra economía doméstica, sino también las finanzas de la iglesia. ¿Cómo íbamos a administrar adecuadamente los recursos de la iglesia si no éramos buenos administradores en nuestro hogar?

Fuera de toda duda, lo más hermoso de esa difícil etapa fue conocer a Dios cómo nuestro Jehová Jireh. Eso fue sanador: aprender a descansar en Él con respecto a nuestro mañana. Las palabras de Jesús cobraron un sentido pleno y maravilloso:

"Mirad las aves del cielo, que no siembran, ni siegan, ni recogen en graneros; y vuestro Padre celestial las alimenta. ¿No valéis vosotros mucho más que ellas? ¿Y quién de vosotros podrá, por mucho que se afane, añadir a su estatura un codo? Y por el vestido, ¿por qué os afanáis? Considerad los lirios del campo, cómo crecen: no trabajan ni hilan; pero os digo, que ni aun Salomón con toda su gloria se vistió así como uno de ellos. Y si la hierba del campo que hoy es, y mañana se echa en el horno, Dios la viste así, ¿no

hará mucho más a vosotros, hombres de poca fe? No os afanéis, pues, diciendo: ¿Qué comeremos, o qué beberemos, o qué vestiremos? Porque los gentiles buscan todas estas cosas; pero vuestro Padre celestial sabe que tenéis necesidad de todas estas cosas. Más buscad primeramente el reino de Dios y su justicia, y todas estas cosas os serán añadidas."

—Mateo 6:26-33

Capitulo 9

No es como pensaba

"La verdadera sabiduría está en reconocer la propia ignorancia."
—Sócrates

Lo que a continuación escribiré nace desde el máximo respeto hacia cualquiera que lo lea, y lo fundamento exclusivamente en mi experiencia personal. Hecha esta aclaración, aquí va el pensamiento: Es fácil reconocer y declarar a Dios como proveedor mientras los recursos sobran y vivimos holgadamente. Pero nuestra fe es confrontada cuando tenemos lo justo para cada día, y no sabemos si llegará la ración de mañana. Pero es en esa situación cuando tenemos la oportunidad de comprobar la intervención de nuestro Proveedor. Yo tuve ese privilegio: el de ver cómo Él mostraba su fidelidad en el día a día, y hablo en el sentido más literal de la expresión: su provisión para nosotros era la diaria, ni más ni menos. Solo lo necesario para cada día.

No fue sencillo aceptar que esa era la manera como Dios quería trabajar con nosotros, pero tuve que hacerlo. También fue necesario aprender a asumir responsabilidad sobre mis decisiones. La mejor forma de explicarlo es relatarte una experiencia que vivimos en ese tiempo de crisis financiera.

Nuestro hogar está radicado en una comunidad de casas adosadas. Delante de la nuestra hay un garaje que obliga a pasarlo, para acceder a la puerta principal, seguir un camino que lo bordea. Ya en el fachada podrás ver una puerta roja a la derecha y otra a la izquierda, la de los vecinos, separadas tan solo por un gran tiesto que siempre tiene flores amarillas. Luis, nuestro vecino es una persona simpática y extrovertida, quien dispone de mucho tiempo ya que, por una condición física, no puede salir de casa si no es acompañado. Es lógico que los días se le hicieran tediosos, por eso buscaba hablarnos cada vez que nos veía entrar o salir. Preparaba interrogatorios interminables con tal de prolongar un rato más nuestra compañía. En una ocasión en que Omar y yo salíamos a buscar a nuestros niños a la escuela, Luis nos alcanzó para mostrarnos un papel que había encontrado pegado en nuestra puerta. Nervioso sacudió aquel pedazo de papel de color rojo que llevaba varios días en nuestra puerta sin que nosotros lo hubiéramos visto. Se trataba de una notificación de la compañía eléctrica informándonos de que a causa de nuestro impago iban a cortarnos el suministro.

Casi en estado de *shock*. Omar y yo nos miramos, rojos de la vergüenza. Observamos a Luis, incapaces de decirle una sola palabra. Él, entendiendo la situación, rompió el silencio, informándonos con una apacible sonrisa, que había pagado la deuda y que estuviéramos tranquilos.

El rostro de mi esposo mudó del pánico al alivio y, roto en lágrimas, rompió la distancia con Luis para abrazarlo con gratitud.

Hoy puedo decir con toda confianza que aquel acto fue orquestado en el cielo para que entendiéramos que Dios obraba a nuestro favor, pero debo confesar que en aquel instante mi actitud no fue tan sensible como la de Omar. En mí prevaleció la vergüenza y el enfado. Montones de pensamientos inundaban mi mente, todos ellos con un matiz absolutamente negativo: "¿Qué pensaría nuestro vecino? ¡Apenas nos conocía! Sabiendo que somos pastores, ¿pensará que los pastores son irresponsables en sus finanzas? ¿Contará a otros cómo tuvo que ayudarnos?"

Con el pánico impreso en mi rostro a causa de lo vivido, di las gracias a nuestro vecino y en cuanto estuvimos solos rompí a llorar.

—¿Por qué lloras? —interrogó Omar.

—¿Cómo es posible que Dios permita que pasemos semejante vergüenza? —repliqué.

Con compasión y ternura, mi amado esposo me abrazó fuerte, haciéndome sentir segura y me susurró al oído unas palabras sabias pero también confortadoras.

—Una de las grandes lecciones que he aprendido es que no siempre el milagro se encuentra en la cima. Habrá momentos donde tendremos que estar en el valle para recibirlo. Es ahí que nuestro carácter se forma y también se revela.

Con toda sinceridad, confieso que en esa situación yo hubiese querido que nuestra deuda quedara en secreto. Se me hacía incómodo pedir ayuda o aceptarla. En mi mundo perfecto, la bendición hubiera sido que esa deuda quedase borrada, o que Dios obrara de alguna otra forma que no comprometiera nuestra privacidad.

Así como yo, sé que somos muchos quienes preferimos que Dios trabaje en secreto ciertas áreas de nuestra vida. Es importante entender que para que seamos transformados y podamos crecer, hay cosas que tienen que salir a la luz. La transformación comienza con la exposición y si realmente queremos cambiar, no podemos vivir con apariencias, tapando o fingiendo para impresionar a las personas.

Por lo general, muchos de nosotros no tenemos problema cuando Dios nos está llevando hacia arriba, pero cuando somos guiados hacia abajo, nos incomodamos. Toda situación trae revelación, cuando las cosas parecen ser oposición, Dios ve la oportunidad de hacer algo maravilloso en nosotros.

Hay un personaje de la Biblia cuyo nombre es Naamán. Se trataba de una persona de altísimo nivel, conocida y reconocida, pero que tenia un problema: padecía lepra. Dios le mostró un camino para recibir la sanidad, pero Naamán entró en cólera, replicando a Dios, porque él esperaba que la sanidad llegaría de otra manera. Así lo relata la Biblia:

"Entonces Naamán fue con sus caballos y carros de guerra y esperó frente a la puerta de la casa

de Eliseo; pero Eliseo le mandó a decir mediante un mensajero: «Ve y lávate siete veces en el río Jordán. Entonces tu piel quedará restaurada, y te sanarás de la lepra».

Naamán se enojó mucho y se fue muy ofendido. «¡Yo creí que el profeta iba a salir a recibirme! —dijo—. Esperaba que él moviera su mano sobre la lepra e invocara el nombre del Señor su Dios ¡y me sanara! ¿Acaso los ríos de Damasco —el Abaná y el Farfar— no son mejores que cualquier río de Israel? ¿Por qué no puedo lavarme en uno de ellos y sanarme?». Así que Naamán dio media vuelta y salió enfurecido.

Sus oficiales trataron de hacerle entrar en razón y le dijeron: «Señor, si el profeta le hubiera pedido que hiciera algo muy difícil, ¿usted no lo habría hecho? Así que en verdad debería obedecerlo cuando sencillamente le dice: "¡Ve, lávate y te curarás!"». Entonces Naamán bajó al río Jordán y se sumergió siete veces, tal como el hombre de Dios le había indicado. ¡Y su piel quedó tan sana como la de un niño, y se curó!"
—2 Reyes 5:9-14

Naamán habría preferido regresar a su casa enfermo, solo porque las cosas no discurrieron a su manera. En otras palabras: "Porque Dios no cumplió sus expectativas".

Estaba yo a punto de juzgar a Naamán cuando me di cuenta de que soy igual que él. Es más, creo que muchos de nosotros nos volvemos exigentes y en vez de aceptar el designio y el plan de Dios, dudamos y lo juzgamos.

Una de las cosas que Dios me ha enseñado en todo este proceso, es que junto a cada bendición llega una instrucción que tiene el propósito de hacernos madurar. La humildad tiene que ver con lo interno, con ceder el "yo" y aceptar que sin Él no somos nada.

Es ridículo seguir escondiendo la lepra por cuidar nuestra apariencia. Una manifestación del orgullo es pensar que nuestros pensamientos o nuestros caminos son mejores que los suyos. Nunca podrá ser así.

«Porque mis pensamientos no son los de ustedes,
ni sus caminos son los míos
                    —afirma el Señor—.
Mis caminos y mis pensamientos
   son más altos que los de ustedes;
   ¡más altos que los cielos sobre la tierra!
Así como la lluvia y la nieve
   descienden del cielo,
y no vuelven allá sin regar antes la tierra
   y hacerla fecundar y germinar
para que dé semilla al que siembra
   y pan al que come,
así es también la palabra que sale de mi boca:

No volverá a mí vacía,
sino que hará lo que yo deseo
 y cumplirá con mis propósitos.
Ustedes saldrán con alegría
 y serán guiados en paz.»
—Isaías 55:8-12

Capitulo 10

Cegada por amor

Desde que aterrizamos en esta nueva tierra, el respaldo de la congregación fue increíble, especialmente en nuestros momentos más difíciles. Meses después nació nuestro tercer bebé. Tener a ese pequeño milagro en mis brazos me llenó de inmensa alegría e increíblemente me impulsó a dar lo mejor de mí en esta nueva temporada que se aproximaba.

La iglesia había crecido bastante, y Dios se estaba glorificando de una manera sobrenatural. Aunque compartíamos con la mayoría de los hermanos y llevábamos relaciones bonitas con ellos, había una pareja que nos cautivó desde el comienzo: Mateo y Margarita, ellos se convirtieron en nuestra mano derecha, conectamos de una forma impresionante. Fueron un gran apoyo, en las buenas y en las malas. Nos ayudaban en oración, predicando, ejecutando cambios para el avance de la iglesia y cuidando del rebaño. No tuvimos duda de que Dios puso a esta pareja en nuestro camino con un gran propósito. Nuestra relación se fortaleció tanto que se volvieron nuestros confidentes y lo que muy pocos pastores pueden decir, en nuestros amigos. Con todo lo que Dios había hecho ya por nosotros desde que llegamos, me sentía más que agradecida de que también nos pusiera personas en el camino como una ayuda ministerial, personal y como familia.

Fue fácil enamorarme de una iglesia tan hermosa, su respaldo, sin duda, fue clave en mi proceso de aceptación hacia el llamado pastoral. Puedo decir que una vez abrí mi corazón, me enamoré de la obra de Dios en esta comunidad, CIEGAMENTE. Mi enfoque se orientó a que las personas supieran cuanto cariño, aprecio y agradecimiento sentíamos por ellos, lo cual nos llevó a entregarnos completamente. No había un horario fijo para atenderles, estábamos disponibles en cualquier momento que nos necesitaran, siempre a su disposición. A pesar de esto, Omar y yo teníamos claro que Dios nos trajo a esta ciudad con un propósito, y ese propósito se tenía que cumplir. Durante los primeros meses no hicimos cambios, solo observamos y absorbimos todo a nuestro alrededor. A medida que los meses iban pasando y ya nos acercábamos a cumplir un año, percibimos áreas de la iglesia en las que era preciso incorporar cambios y corrección para que Su obra siguiera floreciendo. Cuando iniciamos esos ajustes, comenzamos a ver cosas que nos inquietaron mucho, en especial un cambio de actitud de algunos, no solo hacia nosotros, sino también hacia las personas nuevas que llegaban a la iglesia. Ese cambio de actitud fue mucho más notable en Margarita y Mateo. Nos sorprendió ese giro en el comportamiento, era evidente que la luna de miel había concluido, y eso se apreció de manera más fuerte en los mas cercanos.

Se hacía difícil ver cómo al surgir un desacuerdo con respecto a decisiones o acciones, ellos se enojaban, murmuraban y, lo peor, traían división con aquellas personas sobre las que tenían influencia. En ese despertar a la cruda realidad percibimos claramente que ellos no nos trataban como pastores, sino como sus empleados. Tal situación nos alarmó mucho y se convirtió en ferviente tema de oración, análisis y reflexión. No queríamos actuar impulsivamente, pero sabíamos que se imponía la necesidad de actuar. Llegó a convertirse casi en el único tema de conversación entre mi esposo y yo.

Era hiriente la manera como nos hablaban, propia de un jefe que hablase a un empleado, haciéndonos sentir que estábamos en deuda con ellos. Solo si hacíamos lo que ellos estimaban correcto nos respaldaban.

Aún así, Omar y yo mantuvimos una actitud de oración respecto a la situación, y sobre todo por las personas que nos trataban de ese modo. Sabíamos que no eran malos, solo precisaban de un toque directo de Jesús. Al aceptar el pastorado no idealizamos a la iglesia. Sabíamos que no seria perfecta ni totalmente madura; éramos conscientes de que encontraríamos a personas difíciles y situaciones complejas. Tampoco pretendíamos saberlo todo; creceríamos junto a la iglesia y con ella maduraríamos. Con frecuencia los mejores frutos surgen de los climas más extremos.

Cuando veíamos estas actitudes, especialmente en Margarita y Mateo, tratábamos de corregirlas e intentábamos que entendieran lo peligroso de usar su influencia para dividir o crear contienda. Siempre quisimos que entendieran la influencia que tenían y lo importante que era abordar las discrepancias desde el diálogo y haciendo equipo.

Una noche, pasadas las ocho, recibí una llamada. Habíamos terminado de cenar y me disponía a bañar a los niños para acostarlos.

—Mateo y yo vamos de camino a tu casa —me dijo al teléfono Margarita—, tenemos algo muy importante que discutir con vosotros.

—¿No crees que pueda esperar hasta mañana? —le dije—, estamos muy cansados y preparando a nuestros niños para acostarlos.

—No —replicó tajante—, es de mucha urgencia, y tenemos que resolverlo hoy mismo.

Me sentí frustrada. No podía entender que se sintieran con la autoridad de faltarme el respeto a mí y a mi familia. Ellos no tienen hijos, pero para nosotros los hijos ocupan un lugar de prioridad. Además yo estaba cansada y mi esposo lo estaba aún más. Cuando llegaron a casa les hicimos esperar abajo hasta que hubimos acostado a nuestros hijos.

Confieso que mi actitud no fue la mejor, ya eran casi las nueve y treinta de la noche y mi cuerpo pedía dormir.

No era agradable pensar que ahora me esperaba una reunión. No obstante decidí creer que nadie en su sano juicio convoca una reunión de manera tan sorpresiva y a esa hora, a no ser que haya una causa de suficiente peso.

Mi esposo se sentó junto a ellos en el comedor, mientras yo preparaba café para todos. Cuando estuvo listo me senté, e hicimos una oración para dar inicio a la reunión. Omar y yo los mirábamos de frente, mientras ellos comenzaron a desahogarse y contarnos acerca de ese "gran" problema que no podía esperar al otro día. ¿Cuál era la emergencia? Una joven que acababa de incorporarse al grupo de alabanza, y que según el criterio de ellos no debía formar parte del grupo. Es importante notar qué Margarita era líder de ese grupo y todos los componentes del mismo eran miembros de su familia.

Cuando escuché eso sentí que mi interior se encendía. ¿Cómo era posible, que no fueran capaces de respetar nuestro tiempo? ¿Cómo podían irrumpir de ese modo y a esas horas en la intimidad de nuestro hogar, con un motivo tan trivial?

Me irritaba que hubieran invadido el hogar por algo que en absoluto era una emergencia. Me entristecía que no pudieran comprender que el grupo de alabanza no es propiedad nuestra, ni de ellos, sino que es un ministerio de la iglesia en el que Dios puede usar a quien le plazca. Mi mente era una centrifugadora en la que giraban montones de pensamientos que aumentaban mi irritación. Para evitar ser imprudente con mis palabras, preferí quedarme callada y dejar que mi esposo manejara la situación.

Cuando se fueron le expresé a Omar mis sensaciones. No podíamos tolerar la manipulación... No podíamos permitir que bloqueasen la incorporación de nuevos servidores y que impidiesen que la iglesia siguiera floreciendo. El hecho de que lleguen personas nuevas es señal de que el Evangelio está llegando a los corazones y Dios está produciendo crecimiento dentro de la iglesia. Es algo por lo cual debemos alegrarnos, y no podemos cerrarle las puertas a los demás por miedo al cambio.

Esta muchacha, de quien ellos se quejaban, Emily, sin duda estaba siendo llamada por Dios como adoradora. Una joven que llevaba tiempo en la iglesia, y Dios la revivió espiritualmente; una chica humilde, amorosa, entregada y rescatada por Dios, con unas ganas inmensas de derramar sobre ese altar su mejor alabanza para el Señor. Me volaba la cabeza con tan solo pensar que Margarita no le quería dar una oportunidad, especialmente con una excusa tan absurda como "no hay espacio en el grupo".

Al día siguiente llamé por teléfono a Margarita, porque a pesar de todo, la estimaba mucho y me preocupaba su comportamiento. En esa conversación traté de hacerla entrar en razón, explicarle que ella como líder, debe ayudar al crecimiento de otros y no cerrarles puertas. Fui todo lo persuasiva que pude y usé todos los argumentos a mi alcance. Su única respuesta en toda la conversación de casi una hora fue:

—Yo no voy a servir junto a ella, ¡no puedo! Ella tiene un pasado muy oscuro, y no se ve bien que esté en el altar. Además, es una joven mal criada, y no me interesa darle oportunidad.

¡Quedé boquiabierta!

¿Imaginas que Dios pensara así de nosotros y nos descartara tan fácilmente? No admití tal imposición, Emily formaría parte, le gustase a ella o no. No podía permitir que su falta de compasión hacia otros fuera una piedra de tropiezo para el crecimiento del ministerio, "algún día ella me lo agradecerá," pensé.

Emily había pasado mucho tiempo conmigo, prácticamente desde que llegué, fue por medio de esos tiempos de discipulado y oración que comenzó a florecer y descubrió el llamado de adoradora que Dios había depositado en ella. Margarita no quedó contenta y tristemente tampoco se quedó con los brazos cruzados. Comenzó a murmurar y a extender su toxicidad entre los hermanos y los demás líderes. Comentó mi falta de respeto para con ella, que era líder del ministerio. Lo peor es que comenzó a hablar mal de Emily y a poner en duda su testimonio. Llegó a un punto donde Omar y yo tuvimos que tomar acción por lo sucedido, y le pedimos que tomara un mes de descanso del ministerio de alabanza. Evidentemente su corazón no estaba en condición para dirigir a un pueblo en adoración en esos momentos, y tal vez un tiempo de descanso ministerial, escuchando Palabra y orando, le ayudarían a calmar sus emociones. Se enfureció al escucharnos, comenzó a sacarnos en cara que nosotros estábamos como pastores gracias a ella y a Mateo, que fueron ellos quienes convencieron a la iglesia para que nos trajeran de Orlando e hicieron los tramites para la transición.

Jamás pensé que iba a escuchar esas palabras salir de la boca de Margarita, y menos ver cómo Mateo la respaldaba. Los considerábamos amigos, e incluso familia. Mi corazón se rompió en mil pedazos, por primera vez desde que llegamos, pude ver como Omar se vio emocionalmente afectado, sus lágrimas y estado de *shock* me revelaron cuánto aprecio sentía por esta pareja y cómo le dolió escuchar esas palabras.

En medio de eso, mi suegro se enfermó y nuestra presencia en Orlando era necesaria. Aprovechamos el viaje para orar, ayunar y obtener claridad de cómo manejar esta situación de la forma más sabia. Pero antes de irnos, nos reunimos una última vez con Margarita y Mateo. Intentamos disculparnos por si nuestra actitud los hubiera herido, e hicimos un último intento de hacerlos reconsiderar su postura y actitud. Para nuestra sorpresa, estaban asombrosamente tranquilos. Pidieron perdón y reconsideraron su comportamiento. Antes de irse, Mateo abrazó a mi esposo y se despidió con la siguientes palabras:

—Pastor, perdóname, yo te aprecio mucho. Piensa en mí como un Pedro, aunque a veces mi carácter es fuerte y mi comportamiento inmaduro, quiero que sepas que siempre estaré a tu lado.

Eso nos dio paz para irnos tranquilos al viaje. No hubo ningún argumento, nada se sintió incomodo, así de fácil todo se arregló…

Eso pensábamos nosotros.

Capitulo 11

Camino de entrega

Los días que pasamos en Orlando resultaron refrescantes y terapéuticos, por lo que regresamos a la iglesia bastante fortalecidos. Estábamos listos para sumergirnos en lo nuevo que Dios tenía para esta comunidad hermosa. Habíamos dejado ir el mal entendido que tuvimos con Margarita y Mateo, porque entendíamos que ellos también estaban en un proceso de crecimiento, y todos, como seres humanos, podemos aprender a manejar nuestras dificultades de una mejor manera.

La ilusión y expectativa se veía incrementada por una muy agradable sorpresa. Deja que te explique: Dios nos había dicho durante los primeros meses en Illinois, que nos traería familia para ayudarnos en el ministerio. Siempre calculamos que esa familia serian nuestros padres o hermanos, pero Dios tiene un gran sentido del humor y le gusta sorprendernos. Conocimos al primo de Omar, Alejandro, con su esposa Ester y cuatro hijos, tres de ellos jóvenes, Adrián, Sofía, Daniel, y una niña hermosa, Isabela. También conocimos a una prima, que se llama Noemí, con una personalidad gigante y portadora de una alegría contagiosa. Resulta que vivían a tan solo una hora de nosotros, y una vez que coincidimos con ellos nos hicimos inseparables. Comenzaron a visitar nuestra iglesia, compartíamos en las casas, a veces en la de ellos y otras en la nuestra, fue una conexión instantánea e inexplicable. La mejor forma que puedo explicarlo es cómo si la sangre literalmente pesara, y nos atraía a todos para estar juntos. Se desarrolló un amor y cuidado de familia, pero era más que eso, las palabras no pueden definirlo. Era de Dios, sin duda alguna, ellos eran parte de la promesa de Dios para nuestro ministerio, fueron enviados para este tiempo con un propósito. Se me hace muy difícil poner en palabras lo que en tan corto tiempo llegaron a significar para nosotros y para el avance de este ministerio. Cada uno llegó con dones y talentos. Noemí, una intercesora, adoradora, líder, mujer virtuosa pero más que todo una amiga fiel. Alejandro y Ester, una pareja con experiencia, sabiduría, un gran ejemplo para Omar y para mí de cómo ser padres conforme al corazón de Dios. Ellos se convirtieron en un escudo, en un lugar seguro para Omar y para mí donde podíamos ser vulnerables. Daniel, Adrián, Sofía e Isabela, cuatro adoradores, separados para Dios, con extraordinarios talentos musicales. ¿Qué más podíamos pedirle a Dios? Cuando comenzaron a visitar, muchos de la congregación los recibieron con brazos abiertos, pero noté que Margarita y Mateo no los recibieron de igual manera, los percibí como distantes, lo cual me asombró, pues pensé que se alegrarían de ver como Dios nos trajo familia, tal y como lo había prometido.

La relación no era ya la misma, e incluso notaba que algunas familias también estaban distantes con nosotros. Pero la alegría de tener a nuestra familia cerca, nos ayudó a no desanimarnos por eso. Un día recibimos un comunicado del supervisor del concilio al que pertenecíamos. Nos estaba convocando a un encuentro, lo que nos pareció un poco extraño a Omar y a mí, pero accedimos a ir. El encuentro se llevó a cabo en un restaurante ubicado en un punto medio, ya que este hombre viajaba en automóvil desde lejos. Mis niños se habían quedado en casa con Emily y su hermana Tatiana, decidimos dejarlos, para no tener ninguna distracción durante la reunión. Cuando llegamos al restaurante, descubrimos qué Margarita y Mateo estaban allí también. En ese instante sentí un nudo en el estómago, porque presentí que no era nada bueno lo que estaba pasando. Omar totalmente confundido, no dijo nada, pero lo pude notar en las expresiones de su cara, y en la forma que cruzó los brazos mientras caminaba hacia la mesa. Yo ralenticé el paso y caminé detrás de Omar para no llegar tan rápido a la mesa, esos segundos adicionales, me ayudaban a procesar lo que estaba sintiendo. Una vez estuvimos todos en la mesa, el supervisor inició su discurso con las siguientes palabras:

—Estuve hablando con Margarita y Mateo desde hace ya unos meses y tengo unas preguntas acerca de ustedes como pastores. Primeramente, les informo, que mientras ustedes estuvieron de viaje, Margarita y Mateo me pidieron una reunión. En base a ella he convocado este encuentro para aclarar algunas preocupaciones que ellos trajeron a mi atención.

Margarita y Mateo jamás mencionaron que hubieran tenido un encuentro con el supervisor. El propósito de la reunión era cuestionarnos acerca de unas acusaciones contra nosotros, especialmente en contra de mí. Cada una de esas acusaciones era falsa. Dijeron que la iglesia estaba en crisis financiera por nuestra mala administración, que la gente se estaba yendo disgustada, porque el pastor ya no confiaba en ellos por culpa mía, que yo influenciaba al pastor (mi esposo) con decisiones de la iglesia, entre muchas cosas más.

Gracias a Dios siempre tengo mi computadora conmigo, y mientras nos confrontaba con estas atrocidades que Margarita y Mateo habían traído a su atención, comencé a sacar los estados de cuenta, desde que habíamos llegado a ser pastores, reportes de asistencia, entre otros documentos relevantes en esos momentos y los dejé abiertos, a la vista de todos. Una vez el supervisor terminó de hablar, Omar y yo permanecimos quietos y callados... en eso Mateo interrumpió el silencio para decir:

—Quiero que sepan que hicimos esto con la intención de cuidar a la iglesia.

Luego se dirigió hacia mí y dijo:

—Él es el pastor, y tú eres la esposa del pastor, no eres la pastora y no debes de tomar decisiones que no te corresponden.

No había duda en mí de que el motivo verdadero por el que habían llevado las cosas hasta ese punto, fue que yo no acepté que ellos le cerraran la puerta a Emily en el ministerio de alabanza. De ninguna forma esta reunión fue con la intención de hacerle un bien a la iglesia y menos con acusaciones falsas hacia nosotros. Algo tan mínimo cómo no complacer su capricho provocó una reacción tan explosiva en ellos. Las mismas personas que Dios usó para facilitarnos la llegada a Illinois, los que nos ayudaron en los momentos de crisis financiera, los que nos vieron llorar y nos ofrecieron su hombro, los que nos prestaron su oído en momentos buenos y en tiempos difíciles, los que llamamos amigos y juntos estábamos trabajando para cumplir el propósito de Dios, los que nos dijeron que aunque a veces nos fallarían, eran como Pedro con Jesús, y permanecerían con nosotros cumpliendo el propósito de Dios.

Me sentí como si me hubieran enterrado un cuchillo en el estómago y otro en el corazón al mismo tiempo. En esos momentos pensaba, "¿cómo es posible todo esto, por causa de algo tan sencillo, como lo fue estar en desacuerdo acerca de Emily y su posición ministerial? ¿Cómo puede ser que tu disgusto te lleve a olvidar todos los momentos hermosos que compartimos, todas las llamadas, reuniones, encuentros, oraciones...?"

Omar y yo estábamos abatidos y consternados. Cuando nos tocó hablar en aquella reunión, Omar estaba mudo, sin palabras. Aproveché ese momento y pasé mi laptop al centro de la mesa para mostrar los estados financieros y reportes de asistencia. Acompañé mi presentación con las siguientes palabras:

—Nosotros estábamos bien en Orlando, la única razón por la que ahora estamos en este lugar, es porque Dios nos llamó. Hemos aprendido mucho en el proceso, hemos sido fieles y responsables con la iglesia de Dios, y para Su gloria, en un año la asistencia y las finanzas se han multiplicado. Yo no sé de qué iglesia están hablando, pero evidentemente no es la misma que nosotros estamos pastoreando. La evidencia habla por sí sola, pero más que todo, la Presencia de Dios nos respalda, es solo por Él y para Él que lo hacemos.

Omar se recompuso y añadió:

—No sé cual será el resultado final de esta reunión, pero estoy dispuesto a orar y buscar la dirección de Dios para encontrar la mejor solución para la iglesia, para ustedes, y para mi familia.

Al final el supervisor se dio cuenta de lo que Margarita y Mateo tramaban y nos pidió que tomáramos dos semanas durante las que los cuatro orásemos y buscásemos dirección de Dios. Al cabo de esas dos semanas nos volveríamos a reunir con él.

Salimos muy heridos de esa reunión y profundamente desanimados. Yo me sentí culpable y comencé a dudar de sí había gestionado bien la situación entre Margarita y Emily. Lamenté en el alma haber causado ese dolor de cabeza a mi esposo. La duda del llamado pastoral, estaba tratando de infiltrarse nuevamente en mí. Tal vez mi lugar era quedarme callada y ocuparme exclusivamente de mi esposo y de mis hijos. Estaba tratando con todas mis fuerzas de mantener esos pensamientos lejos de mí y enfocarme en lo que ya Dios había hablado sobre mi vida.

Al otro día, recibimos una llamada de Mateo informándonos que no aceptaban la propuesta de orar dos semanas y querían reunirse con nosotros para hablar. El Espíritu Santo preparó a Omar para lo que se aproximaba. Omar estaba tranquilo, una vez más me impresionaba su confianza en Dios y su habilidad de entender tan fácilmente que no se cae una hoja de un árbol sin que Dios lo permita. A mí me costaba un poco más, principalmente porque una parte de mi, anhelaba que hubiera una reconciliación y volviéramos a tener una relación como al principio. Pero yo sabia que lo inevitable estaba por suceder en esa reunión, y qué era la voluntad de Dios aunque me doliera. Algo se iba a producir en nosotros por esta experiencia, algo grande, y eso fue lo que me dio fuerza para atravesar lo que venía.

Las mismas personas que nos recibieron con brazos abiertos y llenos de amor y alegría fueron los mismos que quisieron vernos crucificados, simplemente porque las cosas no se dieron a su forma, y no estaban dispuestos a darle la oportunidad a Dios para que hiciera Su voluntad. Pienso mucho en Jesús, cuando hizo la entrada triunfal a Jerusalén, y el pueblo lo recibió con tanta esperanza, amor, alegría y brazos abiertos.

Tanto la gente que iba delante de él como la que iba detrás gritaba:

—¡Hosanna al Hijo de David!

—¡Bendito el que viene en el nombre del Señor!

—¡Hosanna en las alturas!

Cuando Jesús entró en Jerusalén, toda la ciudad se conmovió.
—Mateo 21:9-10

La Biblia dice que las multitudes que lo seguían, aclamaban diciendo: "Hosanna", que significa "Sálvanos ahora". Ese grito del pueblo era por una necesidad para liberación y ayuda en el día de su dificultad; es el grito de un pueblo oprimido hacia su Salvador y Rey.

El comentarista Jon Courson explica que la gente en ese tiempo lo que quería era que Jesús "derrotara políticamente el yugo romano, y que los ayudara económicamente y los guiara militarmente".

Esas eran las expectativas del pueblo hacia Jesús. No se dieron cuenta de que Jesús vino a morir por nuestro pecado y a pagar el precio de nuestra iniquidad. En otras palabras, Jesús vino a traer salvación eterna y no un alivio temporal. Pero el egoísmo del ser humano y el deseo de ver las cosas a su forma los cegó y no veían el propósito mayor de Dios. Hay un problema cuando nuestras expectativas no coinciden con el plan de Dios. A medida que pasó la semana y el pueblo se dio cuenta que las intenciones de Jesús iban en contra de sus expectativas, se volvieron en contra de Jesús. Por lo tanto, lo que se supone que sea una entrega de adoración a nuestro rey se convierte en rebelión. El mismo pueblo que gritaba: "Hosanna al altísimo", ahora gritaban: "¡Crucifíquenlo, crucifíquenlo!"

"Pero los principales sacerdotes y los ancianos persuadieron a la multitud que pidiese a Barrabás, y que Jesús fuese muerto. Respondiendo el gobernador, les dijo: ¿A cuál de los dos queréis

que os suelte? Y ellos dijeron: A Barrabás. Pilato les dijo: ¿Qué, pues, haré de Jesús, llamado el Cristo? Todos le dijeron: ¡Sea crucificado! Y el gobernador les dijo: Pues ¿qué mal ha hecho? Pero ellos gritaban aún más, diciendo: ¡Sea crucificado!"

—Mateo 27:20-23

Capitulo 12

El punto de transición

La reunión se planificó para la tarde de ese mismo día. Llegamos Omar y yo, y unos minutos mas tarde llegaron Mateo, Margarita y todos los integrantes del grupo de alabanza, excepto Emily, lo cual nos sorprendió. Iniciamos la reunión, invitando al Espíritu Santo a que fuera quien nos guiara. Luego les dimos la oportunidad a ellos para que hablaran primero, ya que fueron los que habían convocado el encuentro. Se disculparon por sus acciones impulsivas, y nos dijeron que el tiempo con nosotros había terminado, para todos ellos y se querían ir en paz y con nuestra bendición. Nos dieron las gracias, nos abrazaron, hubo incluso lágrimas al despedirse y se fueron sin mirar atrás y sin darnos lugar a decirles nada. Omar y yo nos sentamos uno al lado de otro, en silencio, procesando, lo que acababa de ocurrir. Miré a mi esposo con lágrimas en los ojos y le dije:

—¿Qué vamos a hacer ahora? Perdóname por haber causado todo esto. Nunca fue mi intención herir a Margarita, verdaderamente solo quería que ella abriera sus ojos y viera que lo que le hacía a Emily, estaba mal.

Omar sonrió, y me dijo:
—Recuerda que nuestro Dios es Jehová Jireh, Él proveerá una solución, así que ten paz y confía. Nada se le ha ido de las manos a Dios. Nada de esto fue tu culpa, Dios esta orquestando algo a nuestro favor. Lo

que él enemigo trató de usar para destrucción, Dios lo cambiará para bien, y se glorificará.

Su forma de decirlo fue sanadora. Vio que algo mayor saldría de esa situación. Lo maravilloso es que yo lo podía sentir también, me quedé tranquila en esos momentos. Dios había preparado mi corazón para esa pérdida, la acepté y le di gracias a Dios porque sabía que ya Él tenía esa situación resuelta, aunque yo no podía verlo.

Luego cambiamos de tema a uno aún mas preocupante. Nos dimos cuenta que no teníamos idea de lo que íbamos a hacer el domingo para el servicio. Se fueron todos los integrantes del ministerio de alabanza y solo nos quedaba Emily, que aunque estaba apasionada por Dios, era tímida, un poco insegura y aún se estaba soltando en el altar. Recuerdo que le sugerí a Omar poner alabanzas desde la computadora y adorar junto a la congregación, aunque él altar estuviera con instrumentos vacíos. De pronto vi como el semblante de mi esposo cambiaba por completo, se reflejaba en su rostro entusiasmo y urgencia por compartirme la idea que se le acababa de ocurrir:

—¿Qué tal si llamamos a mi primo Alejandro y le pedimos que Daniel, Adrián y Sofía nos ayuden mientras tanto? Daniel toca piano, Adrián guitarra y Sofía puede acompañar a Emily cantando.

—Jamás van a aceptar —aseguré—, llevan tan poco tiempo en la iglesia, y viven a una hora de distancia, se les hará difícil venir a ensayar, durante la semana… Pero, no es una mala idea, preguntemos, lo peor que puede pasar es que nos digan qué no.

En esos momentos hicimos esa llamada que, sin saberlo, sería la llamada que cambiaría el transcurso completo de nuestro ministerio. Como te podrás imaginar, nos fue excelente, los chicos, con temor y temblor aceptaron ayudarnos. Pero, aun quedaba algo más para lo que teníamos que prepararnos antes del domingo, y era anunciar la partida de esas personas influyentes a las cuales se les amaba mucho.

Algo que aprendí cuando atravesamos la crisis financiera, es que Dios no se olvida de los suyos, ni los abandona. Todo lo que Dios nos permite vivir, aunque duela, tiene propósito y es para aprender y madurar. Esa lección fue una que sin saberlo en esos momentos, iba a ser puesta a prueba, porque lo que acabábamos de vivir con la partida de Margarita, Mateo y toda su familia, fue solo el comienzo de algo más fuerte que estaba por venir. Sin darnos cuenta, la llegada a Illinois fue nuestra entrada triunfal, la cual eventualmente nos llevaría a una crucifixión ministerial.

Durante esa semana nos reunimos individualmente con el liderazgo para explicarles lo que había ocurrido y no tomarlos por sorpresa. Hubo muchas preguntas de parte de algunos, otros ya lo sabían, lo cual me tomó a mí por sorpresa, pero la mayor parte de ellos en esos momentos nos trasladaron su apoyo. Aunque estaban confundidos y muy tristes se comprometieron a orar y ayudarnos a salir adelante con la ayuda de Dios. Eso nos hizo armarnos de valor para lo que había que comunicar el domingo.

Llegó el día y teníamos los nervios a flor de piel. Llevábamos solo un año en la iglesia y ya estábamos envueltos en algo tan doloroso. Con todo lo que ya habían sufrido antes que nosotros llegáramos y ahora debíamos pararnos frente a ellos y decirles que se había ido el ministerio de alabanza casi al completo, y que sus amados líderes, Margarita y Mateo habían decidido partir, para embarcar en una nueva jornada.

¿Con qué cara íbamos a anunciarles, que Emily, la chica que Margarita no soportaba, y casi todos lo sabían, ahora iba a dirigir la adoración junto a estos jóvenes que acababan de llegar a nuestra iglesia?

Cuando ese domingo íbamos de camino, una de las líderes nos llamó por teléfono, para pedir reunirnos en la oficina con el resto del liderato. Querían orar por nosotros antes de dar el comunicado.

Omar por lo general no acepta reuniones los domingos, y menos antes de predicar, pero como era únicamente con el propósito de orar y dada la situación, la oración era muy importante, así que aceptamos. Cuando entramos a la oficina del pastor, estaban todos los líderes presentes. Nos quedamos callados, esperando a que la persona que nos había convocado iniciara la oración. Pero ella comenzó a hablar, dando un giro totalmente a aquella reunión. Habíamos sido engañados; descubrimos que había otro motivo para ese encuentro. Su propósito, al igual que él de la mayoría de los líderes que estaban presentes, era cuestionarnos. Ellos se habían comunicado con Margarita y Mateo y la versión que recibieron difería mucho de la que nosotros les dimos. Nos estaban acusando de que nosotros los echamos de la iglesia, para poder dejar a Emily en su lugar.

¿Puedes imaginar nuestra cara en esos momentos? Precisamente Emily, en unos minutos, iba a dirigir el devocional, y esta versión era la que Margarita, Mateo y todos los que se fueron con ellos estaban compartiendo. Naturalmente, como fui quien abogó por la injusticia que se le estaba haciendo a Emily, a quien comenzaron a culpar fue a mí. Aunque ya estaba decepcionada de qué nos engañaron para llevar a cabo esta reunión, entendí que no era el momento para defenderme, ni comenzar un diálogo largo. Había toda una congregación lista para adorar a Dios y recibir Palabra, y lo más importante era eso. Terminamos la reunión de inmediato, sin argumento de defensa, y procedimos a dar inicio al servicio y a anunciarle a la iglesia la partida de Margarita y Mateo, y de los que se habían ido con ellos.

Capítulo 13

Crucifixión ministerial

Indudablemente ese fue el domingo más difícil para nosotros. Aunque la victoria estaba garantizada, y éramos conscientes de ello, fue la primera vez que tomamos conciencia del largo camino que nos restaba, a la vez que ignorábamos la cadena de complicadas circunstancias que nos tocaría enfrentar. La pastoral no estaba resultando para nada lo que soñamos o imaginamos cuando, antes de ir a Illinois, nos habíamos hecho una idea tan romántica del asunto.

Por supuesto que nuestra experiencia no se parece ni de lejos al sufrimiento que Cristo pasó por nosotros, pero desde mi perspectiva me atrevo a decir que el año que enfocamos se asemejó a una crucifixión ministerial para nosotros.

Tal vez algún día mi esposo relate esta vivencia desde su visión, pero en las líneas que siguen yo quiero hacerte partícipe de la mía. Las cosas dieron un giro totalmente inesperado. Después de aquella crisis que ya relaté con respecto a la precariedad económica que tuvimos que enfrentar, yo logré asumir que el llamado pastoral era tanto para Omar como para mí, por eso me entregué incondicionalmente para, junto a mi esposo, darlo todo a la iglesia, por amor a Dios.

Omar, consciente de que la iglesia debía seguir adelante, aun con la grave decepción sufrida con la marcha de Margarita, Mateo y el grupo de alabanza, decidió mantener su fe firme en Dios. Tiempo atrás esa perseverancia en mi marido me habría irritado, pero no fue así en ese momento, la firmeza de Omar me afirmó a mí, que decidí no rendirme ante el dolor que sentía.

Él me repetía a diario, que aunque fuera viernes de dolores, no me olvidara que el domingo de Resurrección llegaría a esta iglesia y al ministerio que Dios nos había confiado. Eso me ayudó a sanar, y me dio las fuerzas necesarias para afrontar los golpes que trajo la crucifixión.

Las semanas próximas fueron intensas, porque los teléfonos no paraban de sonar, mensajes de texto nos inundaban, de parte de los hermanos, del concilio, otros pastores, la mayoría pedían respuestas de nuestra parte.

Mateo y Margarita se dieron la tarea de llamar una a una a las familias de la iglesia para dejarles saber su versión acerca de su partida. Tal versión consistía en que los habíamos echado por un desacuerdo acerca de Emily y su posición en el ministerio de alabanza.

Es evidente que Emily salió perjudicada junto a nosotros en todo esto. Los que habían salido contaminaban a los miembros de la iglesia con mensajes tóxicos, como: "El pastor no es el problema, el problema es la pastora y la excesiva influencia que tenía sobre el pastor, eso lo limitará a él para alcanzar su máximo potencial ministerialmente". Como es de esperar, las personas querían escuchar nuestra respuesta a esas acusaciones. Además de eso, la mitad del liderazgo, decidió que como nosotros no nos defendimos en la reunión que tuvimos con ellos, debía ser que Margarita y Mateo tenían razón. Ese grupo, de líderes decidieron irse también, ya que se les hacia imposible confiar en nosotros. Antes de irse, cada uno se reunió con nosotros para explicar sus motivos y el por qué estaban seguros de que les habíamos mentido, a ellos y a toda la iglesia, respecto a lo que verdaderamente pasó con Margarita y Mateo. En esos encuentros Omar y yo no decíamos mucho, lo único que teníamos para decir era nuestra verdad, y recalcarles los motivos que los que salieron nos habían dado para renunciar a nosotros como sus pastores, y a esta congregación. Les afirmábamos que nunca los echamos, algo que jamás haríamos, porque la iglesia no es nuestra sino de Dios.

Escuchábamos, recibíamos frases acusatorias e hirientes que resultaban cómo latigazos para el alma. Irónicamente, después que se desahogaban sin filtro y ninguna preocupación por nuestro corazón, nos pedían oración y nuestra bendición para irse. En ese año se fueron muchas familias, y cada partida era como recibir un martillazo en el corazón. Durante muchas de esas reuniones escuchamos comentarios dirigidos a mí, era evidente que me echaban gran parte de la culpa. Mi esposo solo quería saltar a defenderme, pero yo le tenia dicho que no lo hiciera, que Dios es mi abogado, y en el momento preciso me haría justicia.

Con los que se quedaron tampoco fueron las cosas sencillas, amaban mucho a Margarita y Mateo, pero creo que habían aprendido a amar más a su pastor, y decidieron estar con él durante ese proceso difícil. Aún así, tenían sus dudas acerca de lo sucedido, y constantemente batallaban con eso. Pero, su desconfianza se focalizaba en mí, lo cual era de esperarse ya que me ocupé en cuidar el corazón de Emily, porque ella no era culpable de nada, y salió envuelta en todo este conflicto.

Tomé el cargo de los jóvenes que estaban en la adoración y me sumergí en discipular y liderarlos, mientras orábamos que Dios trajera un líder nuevo para este ministerio tan relevante. Con el tiempo noté que me excluían de reuniones, me criticaban por todo el tiempo que pasaba con el grupo de alabanza, como si yo hubiera planificado lo que pasó para que mi familia y mi "favorita," Emily, tomaran su lugar en ese ministerio.

Especialmente muchas de las mujeres, fueron las más duras conmigo. Recuerdo una de las cosas que más me hirió, fue por medio de una conversación con una líder muy apreciada por mí. Ella me dijo:

—Yo he comprendido que a usted la tengo que respetar por ser la esposa del pastor, pero además de eso, no le debo nada, porque usted no es mi amiga.

¡Wow! Eso sí que me dolió, especialmente porque me había dado cuenta que la gran parte de las mujeres de la iglesia se identificaban con el sentir de ella. Entendí mucho ese día, mis ojos se abrieron a una realidad muy triste, y era que la gran parte de la congregación no me amaba como yo a ellos. Ellos amaban al pastor, y a mí solo me toleraban por ser su esposa. Y ahora no solo me lo decían abiertamente, si no que me veían como una piedra de tropiezo para mi esposo. Fueron tiempos incomodos, porque, hasta para algo como la celebración de un cumpleaños, o el día del pastor, se emocionaban por celebrar a Omar, pero no era igual para mí.

No me estoy victimizando, pero es importante compartir estos detalles, porque sé que no soy la única pastora a la que han menospreciado. Tal vez esto sea un poco complicado de entender, pero espiritualmente estaba firme, Dios fue mi roca en todo ese tiempo difícil, al igual que mi esposo, quien me apoyó mucho. No culpaba a Dios, tenía muy claro que todo esto era un plan del enemigo para destruirnos, al contrario, oraba más, ayunaba más, así como Pablo, esta situación, cada insulto, cada critica, cada partida, cada rechazo, fue el aguijón que me mantuvo de rodillas buscando la dirección de Dios y fortaleciéndome en el Señor.

"Aun cuando he recibido de Dios revelaciones tan maravillosas. Así que, para impedir que me volviera orgulloso, se me dio una espina en mi carne, un mensajero de Satanás para atormentarme e impedir que me volviera orgulloso. En tres ocasiones distintas, le supliqué al Señor que me la quitara. Cada vez él me dijo: «Mi gracia es todo lo que necesitas; mi poder actúa mejor en la debilidad». Así que ahora me alegra jactarme de mis debilidades, para que el poder de Cristo pueda actuar a través de mí. Es por esto que me deleito en mis debilidades, y en los insultos, en privaciones, persecuciones y dificultades que sufro por Cristo. Pues, cuando soy débil, entonces soy fuerte".

—2 Corintios 12:7-10

Eso no significa que fuera fácil tolerar cada golpe, al contrario, dolía más cada vez. Ya estaba desgastándome, no veía la forma de que la situación cambiara para bien, sino que empeoraba. La gente se seguía yendo, las finanzas decayeron mucho y la iglesia se sentía apagada, ya no era esa iglesia creciente y alegre, sino que se sentían vacíos los servicios, y una gran tensión e incomodidad llenaba la atmósfera. Veía como Omar se desvivía en ese altar predicando con todo su corazón y todas sus fuerzas la Palabra de Dios, pero la gran parte de la congregación que quedaba, que eran muy pocos, no mostraba ninguna expresión ni afirmación de que lo estaban recibiendo. La sensación era la de predicarles a las paredes.

Lo mas triste de todo es que, estas personas que se quedaron, porque apoyaban y amaban a su pastor, no se daban cuenta que lo estaban hiriendo profundamente al rechazar a su esposa. No se daban cuenta que Omar y yo somos uno, y lo que me duele a mí, le duele a él. Aunque quisieran apoyarlo, él no iba a recibir un apoyo de alguien que rechaza a su familia.

Finalmente llegamos a la conclusión de que sí era voluntad de Dios que nuestro ministerio allí terminase, debíamos admitirlo. Pastorearlos les estaba haciendo más daño a ellos que bien, y lo mismo para nosotros. Así que tomamos una decisión, para el bien de la iglesia y para la salud emocional de nosotros como familia, decidimos que íbamos a ayunar por veintiún días y orar, para buscar la dirección de Dios. Al final de ese periodo, si Dios nos confirmaba que nuestra corta jornada ministerial había llegado a su fin, aunque pareciera un fracaso, lo aceptaríamos y regresaríamos a Orlando con la cabeza en alto. Solo un milagro durante esos veintiún días, nos iba a permitir continuar…

Capitulo 14

En el silencio de Dios

Dimos inicio al ayuno y lo abrimos a toda la congregación, para que durante veintiún días buscáramos dirección de Dios para nosotros como pastores y para la iglesia como organismo vivo y cuerpo de Cristo. Decidimos invitar al profeta, a quien Dios usó para confirmarnos la Palabra de mudarnos a Illinois la primera vez. Queríamos que ministrara en el servicio en el que entregaríamos el ayuno. Sé que Dios puede hablarnos de la forma como a Él le plazca y a través del instrumento que quiera, pero tenía una necesidad desesperante de que Dios nos hablase y revalidara a través de la misma persona que usó para confirmarnos el llamado de venir a Illinois. Durante ese tiempo decidí separarme de todo. Necesitaba claridad, escuchar a Dios, dirección divina; lo que fuera menos ese silencio interminable e insufrible que sentía de parte Dios. He dado en llamar a ese periodo "el sábado tras la crucifixión". Un tiempo de silencio, incertidumbre, donde sentí una espantosa soledad. Mi esposo nunca me abandonó, pero fuera de él no tenia a nadie más con quien hablar, desahogarme o llorar. Alguien que pudiera comprender mi situación sin juzgarme por mi título.

Mi vida ya no era igual, de tener a nuestra familia y amigos en Orlando, ahora estábamos completamente solos en la tierra prometida. Me acordaba de las palabras de una pastora, que cuando comenzamos a pastorear me dijo:, "no te quedes sola, llámame de vez en cuando, porque el pastorado es muy solitario, pero con todas las responsabilidades que tiene el pastor, muchas veces logra mantenerse ocupado, la pastora pasa más tiempo sola, lo cual da espacio para pensar más."

Recuerdo, que cuando me lo dijo, yo pensé, "wow, eso jamás me va a pasar a mí, porque yo soy muy familiar y amigable, todos me van a querer y aceptar." Ahora me da risa recordar la inocencia con la cual ingenuamente creí eso. Ella me brindaba su consejo desde sus dos décadas de experiencia pastoral, y ahora entiendo perfectamente sus palabras.

Con frecuencia la pastora es tratada injustamente en la iglesia. En ocasiones es menospreciada y aislada. Sería bueno que los miembros de la congregación pudieran asimilar que el pastor es quien es por la gracia de Dios, pero también gracias a su esposa que cada día le tiende los brazos, lo anima en los momentos difíciles, ora con él y por él, lo cuida... Su esposa es quien le recuerda muchas veces que debe llamar a los hermanos que atraviesan crisis, los que están enfermos, los que faltaron a la iglesia. La que le recuerda contestar sus mensajes, o devolver llamadas, la que lo motiva a seguir adelante y no rendirse.

Esos veintiún días de ayuno fueron para conectar con Dios, pero al principio, lejos de lo esperado, me desesperaba porque no escuchaba ni sentía nada; todo parecía muerto. Mis oraciones, eran más como plegarias reivindicativas hacia Dios, pidiendo y pidiendo, "haz justicia, ayúdame a perdonar, sana mi corazón, háblame y dime si nos quedamos o nos vamos…" Vergonzosamente, debo admitir que la primera parte del tiempo de ayuno se trató más de mí, que de Él. No quería aceptar esta muerte porque no entendía lo importante que es morir para poder, luego, experimentar una resurrección gloriosa.

Dios nunca llega tarde ni se va de nuestro lado. Sus tiempos siempre son perfectos, aunque no entendamos. Es fácil ser como Marta y María y acusar a Dios de llegar tarde o de no haber estado, cuando las cosas no suceden en nuestro tiempo, como dice en Juan 11:21 y 32,

—Señor —le dijo Marta a Jesús—, si hubieras estado aquí, mi hermano no habría muerto. Pero yo sé que aun ahora Dios te dará todo lo que le pidas.

Cuando María llegó adonde estaba Jesús y lo vio, se arrojó a sus pies y le dijo:
—Señor, si hubieras estado aquí, mi hermano no habría muerto.

Cuando Jesús oyó que su amigo Lázaro estaba enfermo dijo: "Esta enfermedad no terminará en muerte, sino que es para la gloria de Dios, para que por ella el Hijo de Dios sea glorificado"

En otras palabras, pasará por la muerte, pero no terminará en muerte. Solo porque Dios permite el viernes en tu vida (muerte) no quiere decir que no llegarás a experimentar el domingo (victoria y resurrección). La razón por la cual Dios permite la muerte en ciertas áreas de nosotros es para que Él pueda obtener toda la gloria. La muerte es necesaria si queremos experimentar la gloria de la resurrección, la cual es manifestación o demostración de la esencia o atributo de quien es Jesús.

"Yo soy la resurrección y la vida; el que cree en mí, aunque esté muerto, vivirá. Y todo aquel que vive y cree en mí, no morirá eternamente."

—Juan 11:25-26

En mi caso, yo entendía que para que hubiera una resurrección, tenía que haber una muerte ministerial, pero sé me había olvidado que entre ambas, existe un periodo de silencio: el sábado. Como dije anteriormente, el sábado, el silencio, fue la parte más desesperante para mí, cuando más sola me sentí. Pero aunque no sea sencillo ni agradable, es muy importante aprender de cada día, y no menospreciar ninguna parte del proceso, en cada etapa, y especialmente en las mas difíciles, que es donde Dios produce los mejores frutos en nosotros. El sábado queda entre la promesa y el cumplimiento, es una pausa intermedia donde puede fácilmente llegar la duda, confusión, tristeza, e incluso la desesperación. En ese periodo podemos llegar a concebir que Dios no está trabajando. Pero no debemos olvidar que, aunque Jesús estaba "muerto," Él no estaba inactivo, sino que estaba trabajando a nuestro favor. La Biblia dice:

"Así que, por cuanto los hijos participan de carne y sangre, El igualmente participó también de lo mismo, para anular mediante la muerte el poder de aquel que tenía el poder de la muerte, es decir, el Diablo, y librar a los que por el temor a la muerte, estaban sujetos a esclavitud durante toda la vida".
—Hebreos 2:14-15

"Desarmó además a los poderes y las potestades, y los exhibió públicamente al triunfar sobre ellos en la cruz."
—Colosenses 2:15; RVC

El día sábado es cuando Dios se encarga de REMOVER lo que está entre la promesa y el cumplimiento. Y mi sábado, ya estaba llegando a su fin…

Capitulo 15

Corazón con razón

En los últimos días del ayuno algo cambió: Comencé a darme cuenta de que Dios había trabajado en mí durante ese proceso, aunque no lo sentía ni lo veía, algo comenzó a cambiar en mi corazón. Ya mi visión no se encontraba empañada, de momento el dolor había disminuido y me encontraba sonriendo nuevamente. El resentimiento hacia los que nos hicieron daño se tornó en compasión. Me di cuenta de que mis oraciones ya no eran, "haz justicia," sino que ahora eran, "Señor perdónalos."

Comprendí que muchas personas actúan de la forma que lo hacen por falta de conocimiento y que debemos crear conciencia en la iglesia y educarles para que puedan crecer y madurar en estas áreas también. La pastora, muy a menudo es igual de voluntaria que los demás hermanos, pero muchos exigen tanto de ella como si fuera asalariada y ese fuera su deber, sin recordar que ese titulo vino a ella como parte del compromiso de casarse con un pastor. Tal vez no sea así para todas las pastoras, pero en nuestro caso Omar siempre supo cuál era su destino, pastor. En mi caso me llevé la gran sorpresa, por haberme enamorado de Omar. En todo Dios tiene un propósito, y entiendo que ese es el suyo con nosotros. Ahora puedo afirmar que es el mayor privilegio, pero para llegar a este punto muchas cosas tuvieron que cambiar. Comenzando por mi servicio… no puedo servir más a las personas que a Dios, porque seguiré con el corazón roto. Es importante que la iglesia conozca mi corazón, así como semana tras semana han conocido el del pastor, que vean el lado vulnerable de mí. Compartir lo que duele, así como comparto lo que me alegra. Permitirles conocerme por Cynthia, y recordarles que ambos, Omar y yo somos humanos, y es irreal tener expectativas en nosotros como si fuéramos Dios, porque no lo somos. No podemos estar en todo, no podemos resolver sus problemas, no podemos complacerlos siempre, no somos Dios, somos seres humanos y en ocasiones, aunque no sea intencional, les vamos a fallar.

Muchas veces los pastores fallan por causa de la misma iglesia. Cuando la iglesia coloca a sus líderes en un pedestal y los envuelve en una halo de infalibilidad, en el momento que su humanidad se refleje por medio de un error, los crucificarán. Es tiempo de que la iglesia reconozca que el único que debe estar en un pedestal, porque es Perfecto en todas las formas, es Dios. En el proceso de sanidad entendí que tengo que amar a la iglesia con mi corazón, pero también con la razón. No puedo cegarme. Los limites son muy importantes entre los pastores y la congregación, pero aún más importante es la transparencia. A veces es bueno que la iglesia pueda ver el lado vulnerable de los pastores y se relacionen más con ellos. Pero la iglesia también debe aprender a valorar a los que vienen con el pastor y cuidarlos, porque es una forma de honrar a su pastor y también a Dios. Respecto a la esposa y los hijos del pastor, no pidieron estar ahí, y no a todos se les hace fácil amar el ministerio, en algunos es un proceso lento y difícil aprender a enamorarse de ese ministerio que recibieron por herencia, y el rechazo de la iglesia puede prolongar, endurecer y hasta arruinar ese proceso.

Quiero citar al pastor José Luis Navajo, con una carta que le escribe su esposa en el libro de, *Cadáver de Impecable Apariencia*:

> *Amor mío:*
> *¿Cómo te llaman? ¿Pastora? Bueno, no es totalmente justo, pero con frecuencia te exigen que lo seas. Nunca pretendemos que la esposa del abogado sea abogada, ni se impone sobre la mujer del médico las responsabilidades de una doctora. No se espera de quién unió su vida a un tenor que impregne de notas la atmósfera; pero demasiado a menudo se impone en vosotras una expectativa que ejerce sobre los hombros un peso intolerable.*
>
> *Finalizado el servicio de la tarde te vi. Tu sonrisa era como un faro entre los bancos de la iglesia. Al mirarme, esa luz me alcanzó hasta casi cegarme y quedé meditando en muchas cosas que hubiera querido decirte.*

Amor mío, ¡como desearía que tu existencia pudiera ser normal! Pero cien ojos examinan tú vivir y cien bocas lo comentan. Si estrenas un vestido, es noticia de interés general y tu visita a la peluquería casi figura en la crónica de sociedad. Lo mas injusto es que, a menudo, los comentarios se tiñen en un matiz de censura; como si no tuvieras cuerpo que cubrir o cabello que peinar.

Te ves obligada a medir tus palabras, calcular tus gestos, contener tu enojo, disfrazar tu frustración, cubrir tu desanimo, y meditar tus pasos, pues la identidad ineludible te persigue: eres la esposa del pastor. Pocos papeles en la vida exigen el mismo sacrificio. Convives con la sensación de compartirme con cientos de personas. Terminando el servicio del domingo, muchos se aproximan para comentar mis palabras o buscar un consejo mientras sus manos estrechan la mía y se posan en mi hombro. Sé que a veces has sentido tu hombro desamparado y una mirada resbaló por tu mano que anhelaba el calor de otra mano. Pero enseguida retornó la luz a tu mirada. "Lo importante —dijiste— es que él esté feliz, que sea fiel a su llamado, que cumpla su ministerio. ¡Cuántas veces aguardaste con paciencia mi regreso al hogar! El día fue largo y el tiempo discurrió tan quieto que pareció detenerse. Varias veces te derrumbaste en la silla y cerraste los ojos.

Las horas pueden parecer siglos y por momentos el hogar se muda en un encierro. En momentos así recuerdas los días, antes de la suprema decisión, en que había despacho más grande y jornada más pequeña, más salario y menos canas; pero luego sonríes incomoda, presa de sentimientos de culpa por haber añorado esos tiempos. El reloj del salón emite demasiadas campanadas cuando la puerta se abre. ¡Por fin! Te aproximas a mí con ilusión de novia...pero un solo vistazo es suficiente. Lo sabes bien, mis oídos están tan cargados de confesiones que apenas podrán seguir escuchando. Mis manos, que has tomado entre las tuyas, acariciaron tantas heridas que no tienen ganas de acariciar y mi cabeza tan llena no admite más problemas. Preciso del reposo.

"Cómo fue el día?", te pregunto.

"Bien, todo fue muy bien". No me mientes... sólo me amas.

El pasado domingo reparé en tu cabeza inclinada mientras predicaba. Cuando alzaste la vista te miré; creo que nadie más lo percibió, pero mis ojos dibujaron una declaración de amor y de gratitud para ti:

"Gracias cariño", intenté escribir con el pincel de mi mirada. "Bien sabes que sin ti no podría. En tu sonrisa encuentro alas para visitar la altura y traer agua fresca a la iglesia. Gracias porque podrías ser mi lastre, pero eres mi vela. Pudiéndome atar al valle, me acercas al monte. Gracias porque, lejos de sellar mis labios, los llenas de mensajes. Podrías arruinar mi ministerio, pero lo confirmas y engrandeces con tu apoyo. Gracias por ser compañera, y no adversario; por elegir ser soporte, y no carga. Gracias por respetar mi silencio y retrasar mi encuentro con los problemas cuando me notas cargado. Tu dibujas un sol en mis noches oscuras e infundes fe en los días inciertos. Eres una ventana al cielo por donde Dios se asoma a mis momentos más duros. Querida mía, te necesito. Como el velero necesita al viento y el pez al agua. Sin ti sería un camino equivocado y un proyecto inacabado, porque Dios me llamó, pero tú me ayudas a responderle cada día. ¿Sabes, cariño? Alguien me dijo que detrás de un gran hombre hay una gran mujer, pero tú has decidido no estar detrás, ni tampoco adelantarte. Gracias por estar a mi lado".

—José Luis Navajo
Cadáver de Impecable Apariencia

Conclusión

Cuando leemos la Biblia nos damos cuenta de que nuestras vidas son un relato de tres días. Algo así como una historia que consta de tres etapas: muerte, silencio, victoria.

Al tercer día, Abraham alzó los ojos y a lo lejos vio el lugar de sacrificio (Gen. 22:4). Los hermanos de José son puestos en la cárcel y los sacan al tercer día (Gen. 42:17—18). Rahab les dice a los espías que se escondan y que van a estar seguros el tercer día (Josué 2:16). Ester ora y ayuna y al tercer día tiene una cita con el rey (Ester 4:16). Mientras José estaba en la cárcel le dijo al copero dentro de tres días el faraón lo indultará y volverá a colocarlo en su cargo (Gen. 40:13). Moisés le dijo a Faraón tenemos que hacer un viaje de tres días hasta el desierto para ofrecer sacrificios a Jehová (Ex. 5:3). Cuando Israel llego a Sinaí Dios le dijo: "Ve consagra al pueblo que se preparen para el tercer día". (Ex. 19:10). Cuando Israel descendió a la tierra prometida Dios le dijo: "Esfuérzate y sé valiente porque en tres días cruzaras el Jordán". (Josué 1:11) Oseas dijo: "Nos dará vida después de dos días, al tercer día nos levantará y viviremos delante de Él." (Oseas 6:2).

¡LA RESURRECCION SIEMPRE CAUSARÁ UN CAMBIO para bien! Conocer, reconocer y asimilar esta gran noticia, nos ayudará a enfrentar el VIERNES confiando en que el DOMINGO se aproxima. La resurrección de "CRISTO" tiene el poder y la autoridad de cambiar tu lamento en gozo, tu enfermedad en un milagro, tu pasado en un testimonio... y que TODA área de tu vida que está muerta, recobre vida.

En mi historia personal, el tercer día por fin llegó... ¡Domingo! El día en que la iglesia se reúne para adorar a Jesús. Juntos celebramos, unidos en armonía, las grandezas de Dios. Somos recreados en su templo. Su majestad opaca las luces color violeta y rosa fosforescente, que alumbran el altar. Una melodía hermosa surge desde el piano, acompañando un sentido clamor. Llantos y oraciones se conjugan mientras un pueblo unido busca al Señor. La Presencia de Dios es palpable y se respira aroma de cielo. El esplendor de Su gloria hace imposible permanecer con los ojos abiertos.

Estoy en el altar, tan postrada que mi cabeza reposa en el suelo. Lágrimas brotan descontroladas como si una represa hubiese estallado. Lloro como una niña cuyo padre está curando una profunda herida.

El proceso que sana también duele.

El Espíritu Santo me vino a visitar. Una visita de muchas, no programada, pero anhelada... Sí, anhelada con ansias.

Por un instante todo se detiene, solo escucho Su voz susurrando cómo me desea. Sus Palabras provocan en mí un deseo intenso hacia Él. Somos solo Dios y yo en el lugar de encuentro. En esa intimidad Él me revela la promesa que se estuvo gestando en mi vientre.

Mientras escucho esas palabras, me siento como una mujer lista para alumbrar a su bebé. La respiración acelerada y el dolor alcanzando cotas que me hacen pensar que me desvaneceré. Las contracciones aumentan en frecuencia, mientras mi llanto y desesperación se acrecientan. Mis brazos envuelven mi abdomen, como abrazándolo; mis manos en forma de puños, enterrando las uñas en mis palmas, mientras la voz de Dios me alcanza como un delicado y restaurador susurro: "resiste, son dolores de parto, porque llegó el momento de dar a luz."

La presión se intensifica mientras mis quejas aumentan.

De pronto comienzo a experimentar alivio; los dolores disminuyen gradualmente hasta desaparecer por completo. Permanezco en el suelo, en posición fetal, incapaz de incorporarme, me siento débil y cansada. Aún lloro, pero mis lágrimas ya no son fruto del dolor... Son lágrimas de alegría y de inmensa gratitud.

Sé en esos momentos que mi embarazo ha culminado y la maternidad ha llegado.

El 17 de enero de 2021, a las 5:07 de la tarde, hubo un nacimiento de esperanza en mi vida. Así como la llegada de un bebé cambia la vida de una persona, el alumbramiento de esta nueva esperanza, me transformó. Era el comienzo de un nuevo despertar y crecimiento para mí.

Dios nos dio una nueva iglesia, en este servicio hubo sanidad, restauración, reconciliación, y fue el comienzo de una temporada de avivamiento y crecimiento inmensa para nuestra congregación. Desde entonces, somos una nueva iglesia llena de la presencia de Dios, unida, y donde sobreabunda la gracia y amor de Dios.

No somos perfectos, pero somos elegidos. Nada ocurre gracias a nosotros, sino a pesar de nosotros y por la inmensa gracia de Dios.

Él nos llamó y sigue trabajando con nosotros para convertirnos en el Centro de Milagros en nuestra Comunidad. A Él, y solo a Él sea toda la gloria.

Cynthia Ortiz: Nací en Puerto Rico y me crié en Orlando, Florida. Soy esposa y mamá. Tengo un bachillerato en administración organizativa y una maestría en desarrollo de liderazgo, ambos títulos obtenidos en Palm Beach Atlantic University. Junto a mi esposo, pastoreo la Iglesia Centro Cristiano de Milagros, en Illinois. El Señor ha puesto en mí una pasión por trabajar con mujeres de todas las edades, con el propósito de empoderarlas y desarrollarlas para que alcancen su máximo potencial en Cristo. Nuestra identidad verdadera está en Él, pues somos hijas del Rey Poderoso y más que vencedoras por medio de aquel que nos amó.

Facebook.com/cynthiaortiz.pastora
Instagram: @pastora.cynthiaortiz
Email: cynthiaortiz.pastora@gmail.com

www.ingramcontent.com/pod-product-compliance
Lightning Source LLC
LaVergne TN
LVHW011204080426
835508LV00007B/583